PHILOSOPHIE

DES

LANGUES

PAR

A. LATOUCHE

CHANOINE HONORAIRE D'ANGERS

CAEN

IMPRIMERIE DE E. POISSON

RUE FROIDE, 18

—

1863

PHILOSOPHIE

DES LANGUES

CAEN. — IMPRIMERIE DE E. POISSON.

PHILOSOPHIE

DES

LANGUES

PAR

A. LATOUCHE

CHANOINE HONORAIRE D'ANGERS

CAEN

IMPRIMERIE DE E. POISSON

RUE FROIDE, 18

1863

PHILOSOPHIE DES LANGUES.

Les trois mille exemplaires de ma *Philosophie des langues* étant totalement épuisés depuis quatre ans, cédant au vœu de plusieurs de mes amis, et, je crois, des philologues sérieux, sincères, qui désirent, d'un côté, voir finir la trop longue période des études classiques dans l'obscurité de la routine et les vains efforts de la mémoire ; de l'autre, s'étendre le cercle des langues apprises ; enfin, à la veille d'imprimer un Dictionnaire de neuf langues, grecque, latine, allemande, anglaise, française, italienne, espagnole, hébraïque et arabe, dans l'unité d'une langue primitive qui engendre, résume, éclaire toutes les formes du même langage primordial, simple, logique, imagé dans tous ses mots, philosophique dans ses quelques formes, et d'une extrême simplicité et facilité ; quoique soixante-dix-neuf hivers aient passé sur ma tête, je me suis décidé à réimprimer ma *Philosophie des langues*, avec le désir de la reproduire au fonds, car je la crois bonne et solide en tout point, mais dans le but d'en faire l'Introduction à mon *Dictionnaire de neuf langues*.

De nos jours, il faut avoir le courage de la franchise, même contre son honneur, aux yeux de quelques-uns, et contre ses intérêts. Eh bien, j'en fais ma profession de foi philologique, je crois que sans initiation à l'hébreu, ne fût-ce que de quinze jours sous un habile maître, on marche à tâtons dans l'étude des langues, on palpe avec ses maîtres dans les ténèbres, on apprend longuement et à grands frais ce que l'on comprend peu et qu'on oublie bientôt.

Au contraire, après mon *initiation à l'hébreu*, tableau-grammaire dont le prix est de 1 franc, et avec mon *Dictionnaire hébreu*, presque épuisé, quoique tiré à trois mille exemplaires et inannoncé dans aucun journal, on est bientôt maître de l'hébreu comparé, de l'arabe son frère, des langues hébraïdes, sémitiques et européennes. Bientôt, par atténuation des radicaux primitifs, on arrive à l'océanien, au malais, et au reste.

Si quelque lecteur me soupçonnait de cupidité, d'ambition, de fraude, de charlatanisme, d'ignorance ou de monomanie, etc., ma réputation chez les hommes qui savent leur répondra. Oh! le lucre, les honneurs, la soif de célébrité n'ont jamais souillé ma vie.

J'ai beaucoup imprimé, travaillé dans le secret, tenté, pour la fraternité des peuples, la diffusion de la science et des langues ; Dieu sait si j'ai été encouragé par ceux qui devraient être promoteurs de tout bien, de toute amélioration. Ils reçoivent leur bien ici ; nous, nous semons dans le labeur et les larmes pour moissonner dans la joie. Le présent n'est pas l'avenir, ni le siècle l'éternité. Dieu m'a conservé la foi, j'ébauche un *sacellum* pour les langues ; de plus habiles que moi élèveront un palais, un magnifique temple. Du moins, ce que j'ai écrit, ce que je dirai, est la vérité philologique.

J'aborde carrément une objection capitale : l'hébréophobe me demande s'il faut absolument s'initier à l'hébreu. Je réponds affirmativement, mais avec les concessions que l'on doit à la prévention et à la paresse.

Vingt-deux lettres, vingt-deux lignes de verbe, forme unique et écrite de la même manière pour tout temps et tout mode, point de cas, genre masculin et féminin presque à volonté, pronom construit logiquement et que vous connaissez par quelque langue, rares inversions, point de syntaxe, langue plane, enfantine, onomatopique, imagée, poétique au plus haut degré, raisonnée et comparée dans mon dernier *Dictionnaire hébreu*, traduction facile dès le deuxième jour, voilà, cher lecteur, la sublime et sainte langue hébraïque. Mes *Chrestomathies* et autres ouvrages vous conduiront comme par la main, et vous pourrez du moins, dans la controverse, connaître le véritable sens.

Mais, cher lecteur, vous êtes bien décidé à ne pas donner 1 franc, une heure à ma langue hébraïque, et vous me demandez sans retard un microcosme, une vue générale des langues avec ou sans philosophie, une anthologie sans fleurs, une anatomie comparée sans aucune anatomie spéciale, une haute et brillante dissertation musicale sans musique particulière, vous me demandez un passe-temps et un miracle.

Eh bien ! je laisse à d'autres le soin d'amuser vos curieux loisirs. Allez à tels hommes, à telles sociétés et revues, écoutez, ébahi, des audacieux qui font des langues sans les savoir, et rient sous cape de votre simplicité.

Toutefois, même sans étude ou d'hébreu, ou d'allemand, ou de grec et latin, vous trouverez encore plus à butiner chez moi ; car je vous donne ou éveille en vous des idées ; des pensées isolées ou groupées se reliant par mille méandres fleuris et limpides ; je marie les idées et les sens ; j'applique mes deux mains et mes pieds mêmes à l'orgue des langues ; la logique vous conduit sûrement, la philosophie et la raison vous éclairent ; la mémoire reçoit de l'intelligence sa prompte et fidèle photographie, et ses images deviennent des souvenirs ineffaçables, car c'est sur acier que grave une bonne méthode. « J'ai appris par cœur les trois mille vers de Lancelot, me disait un lauréat d'un de nos plus grands colléges de Paris, je ne m'en rappelle aucun, et je ne pourrais pas traduire une ligne grecque. » J'ai rencontré le même oubli du latin, de l'allemand, de l'anglais. Qu'est-ce donc que nos études classiques ? Est-il impossible de remédier à un si grand mal pour élèves, parents, et pour la France ? Mais non ; il ne faut que faire descendre un rayon de lumière et de raison dans les classes où on enseigne les langues, ne jamais donner à un élève un mot bâtard, isolé, sans père, ni frères, ni parenté aucune dans aucune langue, sans son idée et sa raison d'être.

Y a-t-il rien d'isolé dans plante, animal, lois, peuples, dogmes, mécaniques, monde politique ou astronomique ? Est-ce que tout n'est pas lié, enchaîné, harmonisé, concorporel et solidaire ? Chaque partie n'a-t-elle pas sa raison d'être dans son but systématique et final ?

Eh bien, chaque mot, forme, mode, loi, exception même, a sa raison d'être pour l'observateur vraiment philologue. Qu'il classe par espèces, genres, familles, comme en sciences naturelles, et l'idée d'abord, et le son ensuite, et l'image et sons primitifs de tous les éléments d'une langue, et cette langue s'animera, se poétisera et se casera d'elle-même au milieu des autres pour n'en jamais sortir. Solidement bâtis de pierres taillées chacune pour sa destination, d'anciens monuments ont pu braver le temps, qui détruit le reste. L'abeille sait construire et vit toute l'année, la fourmi amasse péniblement des débris et fétus jusqu'à l'automne et s'endort pour six mois.

Prenons pour exemple *Epitome historiæ sacræ*.

Eveillé, curieux de savoir, le bon petit élève est arrêté longtemps au parvis hérissé de ifs, supins, gérondifs, attrape des *pensums* parce qu'il n'a pas compris ce que son maître ne lui a pas expliqué, et pour cause.

Il fallait lui dire : Une langue est la manifestation de nos idées par la parole ; lui tracer au tableau (car tout maître doit vivre et mourir la craie à la main), dessiner, ou du moins écrire tout ce qu'il dit à l'élève, l'envoyer souvent au tableau, et c'est ainsi qu'il pourra s'assurer qu'il n'a pas été compris, qu'il est au midi, au blanc, et son auditeur au nord, dans les brouillards.

Ainsi, il y a quelques jours j'expliquais à un élève assez intelligent קלה, khale, d'où *calere*, clair, *lux*, calorique, καίω, holocauste, *calx*, chaux, *calidus*, chaud, chaland, *calens*, d'où achalander. Écris, lui dis-je : Madame a beaucoup de chal... Il écrivit : Madame a beaucoup de chats lents. — Et chaperons? chats prompts. Quand le maître trône dans sa chaire, sans tableau, l'enfant peut dire, avec ou sans distraction : Je m'ennuie, tu m'ennuies, et le reste. Mes élèves n'apprennent pas une page de grammaire, ne récitent pour leçon, et cela rarement, que la Fontaine, Racine, Virgile, etc.

Comme ils ont trois ou quatre jours d'initiation à l'hébreu et mes livres et méthodes, je leur démontre le verbe hébreu par le pronom mis avant ou après : *ego amans sum, ego am, amgo, amo.*

Je leur explique bien *pon-ere, pon-o, pon-sui, posui, ponsitum, positum;* bien le verbe *esse ; um, umus; es, estis; est, sunt,* faisant aspirer, siffler, attaquer *s* quand il le faut. En hébreu, היה, être, va régulièrement et explique tout, avec יש *esse.*

Je leur dis : En toute langue c'est de même : *Ego amans,* ou *amans ego.* Nous établissons, au tableau toujours, les radicaux *pon... audi... mone... capi...,* et nous disons pour un moment : *amao, amais,* etc.; *moneo, moneis, moneit,* etc., *audio, audiis,* etc.; *capio, capiis,* etc.; puis nous abrégeons euphoniquement, raisonnant toujours. Nous appliquons cette règle si simple aux autres langues, et nous en déduisons par la logique et les faits l'unité de conjugaison : oui, en toute langue il n'y en a qu'une primitive.

L'unité, nous la trouvons aussi dans les déclinaisons : *amoris est* רי, את with, *ad,* ou ל, ג, 1 devenant i, o, ou, ut *alter,* autre, *plaga,* plaie, *pleno, pieno, plano,* piano. Enfin les prépositions עם, *um, cum,* מן ou *m* simplement, font les accusatifs *am, an, im, um,* et nous établissons que le cas est tout bonnement une préposition post-posée et attachée au nom : de Pierre, à Pierre, sur, avec, vers Pierre. Nous négligeons nominatif, vocatif, comme non cas. Nous confondons presque datif et ablatif comme dans le grec et l'ancien latin, *domino, dominis, forti,* aussi ablatif, de sorte que notre unité de déclinaison est clairement et logiquement établie, moins les génitifs en *i* ou en *is.* Nos radicaux sont, non *am, ros, man, di,* mais *rosa, rosai; die, die-i, lup-i: vultu-us, vultuis; flors, flor-is,* ce qui donne deux types de déclinaisons, seulement au génitif. Nous faisons même solécisme d'abord et barbarisme pour le français aussi : vouler, devenu oir, ut *le,* loi, *re,* roi, *te,* toi. Nous disons hardiment : je voule, tu voules, il voule ; je prende, tu prendes, il prende, nous prendons, etc., et nous le justifions par *appréhender.* Nous corrigeons, élaguons, modifions, expliquons les anomalies, et nous arrivons enfin à la langue telle que le peuple l'a faite et transmise. *Per-hendo* étant réellement le primitif, nous aurions je perhende, je préhende. Phydias, Raphaël ont eu les débuts grossiers des enfants. J'omets beaucoup de détails, parce que la traduction raisonnée les donne et les explique tous.

Qui ne sait se borner ne sut jamais écrire. — Boileau.

Prenons donc notre *Epitome*, coupure, fragment, abrégé ; fam. tome, atome, anatomie, τεμνω, *temno*, entamer, contaminer, טמא ttamâ : *historiæ*, histoire, histrion, instar, *struo*, *construo*, ιστωρ historien ; de יצר, itsar, istar, *struo*, composer, bâtir ; à l'instar de, sur tel modèle. Enfin *sacræ*, סגר, ssagar, pour tsagar, enfermer, serrer, donc dérobé, enclos, réservé. Grande fam., חשך hashaq, sac, casaque, casque ; *casa*, caserne, etc. Voilà le *sacer*, réservé, non profane.

Dans le principe, εν αρχη, en tête, à l'origine de notre monde. Le maître doit expliquer tous ces mots, non pas grammaticalement, avec sécheresse et toujours dans son rudiment, qui n'érudie, ne dégrossit point, mais avec les grands principes de la linguistique et la connaissance des lois célestes et terrestres. Quel magnifique thème, la création ! Dieu se manifestant avec tant de puissance et d'amour, et l'homme lancé dans la vie, dans l'espace infini où roule son domaine ! Le maître donnerait les noms de Dieu en plusieurs langues : Eternel, יהוה, l'Etre par lui, éternel, auteur de toute vie, d'où *Jovis*, Jéhova ; Eve, mère des vivants, *œvus*, *longœvus*, ancien, ζαω, αω, ζευς, theos, *Deus*, Dio, Dieu, et l'ignorance les déforme jusqu'à 1777. Quelle honte ! *Et creavit*, acte unique qui n'appartient qu'à Dieu, s'emprunte à des radicaux en *br* ou *kr* qui signifient couper, ciseler, travailler à... d'où ברא, façonna, et את, ad, à, ut Espagn. : *Io amo a Dio*, je brûle vers Dieu, j'aime à Dieu, ce qui est le premier latin, *amo ad Deum*. Aussi met-on l'accusatif après tout verbe latin.

Une petite digression, s'il vous plaît, cher lecteur.

Je dis à mon élève : Laissons les vieilles dénominations des cas du nom. Le cas marque le rôle qu'un nom joue dans une phrase. Ici *Deus* domine, disons donc dominatif. Si nous disons : le fils de Dieu, ce sera *Dei* qui détermine fils. Si je présente, donne une victime à Dieu, Dieu reçoit, réceptif. Si j'adore Dieu, il est l'objet de mon adoration, objectif. Mais accusatif, qu'est-ce ici et dans : *Cicero defendit Milonem* ? Point de vocatif, c'est le nom tout simplement, avec ה : *Domine*, κυριε, et je ne sais quoi. Si je me repose en Dieu, sous l'ombre de ses ailes, ou si quelque bien me vient de lui, je dirai locatif, lieu dans, ou duquel. Ce dernier cas n'existe probablement que dans le latin moderne, car le grec et l'allemand savent se passer de lui ; et, en effet, vous avez *domino* deux fois, deux fois aussi les pluriels en *is* et en *bus*.

Pour éveiller le génie de l'élève et l'initier à l'excellente méthode *a priori*, demandez-lui comment il nommerait le ciel et la terre, hache, merle, taupe, aimer, haïr, haie, ville, etc. Soyez sûr qu'il arrivera à l'idée; si ce n'est au nom; il dira : le ciel est haut, élevé au-dessus de tout, resplendissant. Hé bien, il arrivera à l'hébreu שמים *summi* en latin, עליון *cœlum, altus, issimus*, famille, colline, *collum*, gaule, gaulois, distingués par leur taille, *caulis;* ḣimmel, hymalaia, sont encore l'hébreu kam קם, sham, notre sommet et somme ; ou il comprendra l'ouranos grec par אור aour, lumière, le resplendissant et vaste palais de l'Aour.

Pour bien nommer *a priori*, on fait poser l'objet devant soi, on saisit un caractère spécial dans sa couleur, forme, port, fonction. Le merle sera le noir ; le cheval rapide, coursier ; la taupe, fouilleusse ; le lézard, qui a bras ; les grands arbres, des hauts, géants, robustes, etc. Tout cela vous sera démontré dans le nouveau Dictionnaire, où vous aurez neuf langues, non dépecées, mais entières. Qu'est-ce que des rapprochements morcelés' sans ensemble et vie, sans lois générales, mais habilement présentés par des mains ignorantes et rapaces qui savent faire miroiter des oripeaux, chatoyer brillamment des mots choisis à dessein, coiffer les idées les plus vulgaires, et à force de style et d'art amuser et tromper des lecteurs crédules qui ne sont rien moins qu'inséductibles aux tours adroits des auteurs adorés. Loin de moi ces prestiges plus faciles qu'on ne pense ; arrière le plagiat habile, l'imitation par calcul de cupidité pour se faire un nom, une fortune, une haute place, se chamarrer de titres et d'honneurs, et monter si haut qu'on ne daigne pas même abaisser un regard sur l'auteur laborieux et modeste. On dédaigne les philologues comme des rêveurs, leurs travaux comme des utopies ; on maintient la routine avec ses vieilles routes défoncées ; on dresse devant la jeunesse un programme où tout est donné à la mémoire, rien au génie. Mal élevés, sans leur faute, par des maîtres que je suis loin d'accuser, puisqu'ils ont ordre, les parents voulant que leurs enfants soient élevés comme eux, les pauvres enfants sont pris dans les filets d'une vaste conspiration qui a partout sa circonférence, et son centre nulle part. Et je crois pourtant que tous gémissent des longueries anachroniques d'un enseignement de langues qui absorbe la meilleure partie des années précieuses de la jeunesse sans la préparer à parler avec les autres peuples, sans fruits ni pour le présent ni pour l'avenir. N'oublions donc pas que nous vivons, non à Rome ou à Athènes, un ou deux siècles avant l'ère chrétienne, non pas même au moyen âge, mais nous vivons dans un monde et dans des milieux nouveaux qu'il faut connaître.

Revenons à la terre comme la colombe à l'arche. Comment nommer la terre?

Il suffit de regarder ses éléments brisés, ses fragments, la dureté avec laquelle notre fer la travaille : ארץ, arats, la brisée, rasée, rossée, rastrata, *rostrata*, corrodée. Oui, c'est bien son nom, comme vous le constaterez, erde, earth, terra ; — pierre, roc (ρηγω, ρησσω), gravier, sable, limon, fange, boue, seront aussi du broyé, des fragments, et il en résultera pour mon lecteur que tout mot en toute langue sonnera une idée, une image, lesquelles s'harmoniseront dans leur groupe de familles propres avec les groupes et familles qui auront une affinité naturelle ; les harmonies se développent naturellement, se coordonnent, engendrent de nouvelles harmonies, comme il arrive en musique aux grands compositeurs qui, enfants de la nature, laissent bien loin les combinaisons savantes dont l'art mathématique étonne, et qui ont le malheur de ne pas plaire au public, qui veut une animation plus vaste et l'harmonie des harmonies.

Si j'avais le formidable honneur de présider à l'instruction publique, je proposerais un prix à qui ferait le meilleur mémoire sur la musique et la linguistique comparées, car c'est l'expression phonique de ce que sent l'âme, ou par des sons inarticulés, la musique, ou par des sons articulés, le langage, ce qui nous donne :

LES LANGUES SONT :

Idées et pensées rendues par des sons articulés.

Couteau, hache, etc. ⌢⌣⌣⌣ vaut séparation.
Flèche ascend., ⟶ descend. horizontale. locomotion
Cercle O réunion.

Labiales, dentales, nasales sifflantes, chuintantes, *r* doux ou craquant, *g* (gue dur, *c* dur), canis, K, Kh, etc.

LA MUSIQUE EST :

Tons ou sons en rapport les uns avec les autres, mineurs ou majeurs.

Si la musique s'accompagne de paroles, c'est l'expression plus positive ; mais la musique est plus élastique, vague, poétique, large, sentimentale, et, pour moi, il me faut partout et toujours le concours de ces deux puissances. Je ne puis les séparer dans *Stabat Mater, Dies iræ, O luce qui mortalibus*, hymne composée aux cieux, et qu'un ange est venu donner à nos temples. C'est que ces deux formes d'expressions, musicale et glottique, sont sœurs et le complément l'une de l'autre. Nos classes ne chantent pas, tant pis. Qu'on chante au moins les poëtes. Les sauvages chantent tout, même leur catéchisme.

Si j'étais riche, philanthrope et au pouvoir, je donnerais un prix sur le meilleur mémoire *des langues comparées*, mais basé sur une théorie rationelle et sur les faits. L'auteur devrait donc savoir très-bien les langues les plus anciennes, respectables, utiles, pratiques ; avoir longtemps enseigné, varié immensément ses études, embrassé la nature, le monde entier, le cœur de l'homme avec ses bonnes ou mauvaises passions, car les langues rendent tout cela avec plus ou moins de bonheur. On serait ainsi débarrassé des banalités, lieux communs, creuse phraséologie, périodes sonores, étalage de mots nouveaux, bruit vain et vaniteux, trop souvent déceveur et couronné. Tout est à faire dans le bon enseignement des langues, commençons bien, par un cours de philosophie dégagée de controverses inutiles à notre sujet et par l'étude des langues primitives, hébreu ou hébraïdes, sémitiques, jusqu'à la dernière dégénération, l'anglais chez les peuples civilisés, et la langue de Chine, de l'Océanie et autres bégaiements où l'on peut retrouver, mais atténués, les précieux radicaux primitifs. Si je deviens riche, j'offrirai un beau prix à l'auteur qui descendrait des hauteurs du langage primitif à ce ramollissement des peuples dégénérés du Sud. Tel le sort des peuples, tel celui des langues. L'Angleterre est une brave, intelligente, grande nation ; que serait-ce si elle avait conservé le saxon, le bas allemand de ses premiers pères ? Et nous, Français, qu'avons-nous gagné à estropier la langue latine ?

J'entends une Voix accusatrice. — Tout cela n'est ni la philosophie des langues, ni la suite de votre chapitre sur la création, ni sans danger pour vous, car vous accusez, vous blessez, prenez garde.

— Prenez garde aussi d'empêcher la manifestation de la vérité, l'innocent appel aux améliorations, aux révolutions pacifiques, à ce que désirent sincèrement l'Empereur et son gouvernement, le bien, le mieux toujours, et croyez bien à la création prochaine des chaires de langues comparées dans toutes nos Académies. Mais il faut chercher ou former les hommes.

Nos professeurs expliquent donc que Dieu, *Deus*, au commencement créa le ciel et la terre. C'est, en effet, ce qu'a raconté, peut-être chanté en vers, Moïse, qui, comme tous les poëtes, exposa son sujet : Je chante la création du ciel et de la terre.

Puis, laissant le ciel pour le quatrième jour, il dit : Quant à la terre, au premier jet, à sa première forme, c'était un amas confus, sans consistance, sans affinité entre les éléments, soixante à peu près, parce que la matière n'avait pas encore ce mouvement spontané qui est son âme et sa vie. Mais l'esprit planait sur cette masse élémentaire, pulvérulente, semi-liquide, au point que Moïse l'appelle *mim*, qui signifie eau, fluide. Mais l'eau n'existait pas encore, car elle résulte de l'affinité de ses deux gaz composants, et ce principe, cet agent se produit enfin à la voix de Dieu : Soit Aour, et Aour fut, *Lux* ne rend pas tout l'Aour, אור, car c'est lumière, feu, électricité, magnétisme, éther, phosphorescence. Je l'ai traité dans ma *Cosmogonie Mosaïque*.

Que de merveilles à révéler, à expliquer du moins à l'élève ! Et s'il entendait avec les paroles hébraïques la création de Haydn ou Hayden ! Comme mon âme souffre de ne pas aborder le texte hébreu si correct, si sublime et simple ! Je l'ai expliqué à des milliers d'élèves de divers sexes, âges, conditions. Tous vous diraient que le texte mosaïque éclipse tous les autres. Mais les savants qui ne veulent pas savoir l'hébreu, ni permettre qu'on l'étudie, étouffent ma voix et mon âme, paralysent mes efforts et défendent vaillamment leurs foyers et leurs lares.

Qu'on demande donc, au moins, à un élève comment il nommerait vie, âme, esprit, idée, pensée, volonté, amour, haine, ambition, cupidité, répugnance, repentir, espérance, foi, charité, rancune, pardon, désir, regret, ordre, rang, classe, désordre, etc., en un mot, comment il nommera tout ce qui est immatériel, spirituel, moral, esthétique, religieux. Ce monde transcendant est peu connu à son âge ; toutefois il y est initié par les rudiments de la religion et de sa petite vie.

Que le substitué de son père ait la bonté de se rapetisser à son humble taille comme Elysée réchauffant un enfant pour le ressusciter et le rendre à sa mère ; qu'il ait la patience de Jésus instruisant ses grossiers apôtres et embrassant, instruisant les petits enfants ; qu'il dise à ses élèves :

Les tout petits enfants appellent le chien hou hou, le coq, coco, le fusil pan, le canon, pom, bome ; coucou, banban, papa, maman, glouglou, lolo, sont des diphthongues de leur goût. A mesure que l'enfant grandit, il pourra articuler des grigri, krak, krok, klak, kloke, brandon, bourdon, fressen, bride, chameau, grue, fricasser, brasier, briser, etc. Laissez-le jouer d'abord aux petites onomatopées, puis goûter celles qui ont cours.

Enfin faites aux élèves l'inventaire des parties et jeux de notre admirable organe vocal à vent et anches et articulations simultanées. Vous lui établirez que trois lettres, *a b c*, donnent six combinaisons, que *r* se prononce diversement chez les peuples, dans les provinces, et même dans tel individu caressant ou colère ; montrez-lui, sur le tableau toujours, des tables d'équation : b $=$ p $=$ f $=$ v. D $=$ t $=$ th, z, s, ch. R $=$ l, i, o, ou, en descendant. R $=$ g dur, c, q, k, h fortement aspirée. Le maître peut ainsi leur démontrer l'affinité de קרא, khrâ, crier, קול, voix, λογος parole, καλεω, to call, appeler, clamer ; *gallus*, coq, αλεκτωρ, locution ; *cieo*, appeler, *concio*, assemblée, *ecclesia*, une convocation, alléguer, *legatus*, et *missus*, הלך.

S'il prend trois lettres, *b q r*, בקר, il fait les six combinaisons en *r*, puis en *l*, b·q l, b l q, puis *l* s'atrophiant b u q, b o q, bouq, et il aura crever, crépuscule du matin, percement de la lumière, et par ampliation et assimilation, crépuscule du soir, בקר, matin, idem bœuf, d'où boxer, bœuq (*bovis*, bœuf, corbeille, grabat, un lit creux, grève, terre basse, γραφω, חרב greffier, greffer, corbona, trésor ; grabe, grave, tombeau ; bêcher, bec, בקע creuser, couper, κοπτω, κοπος *labor*, γλυφω, presque γραφω, plus primitif et ferme, hiéroglyphes, écriture sacrée, cor ; crypte, fosse, caveau, גוף, cadavre (bassin osseux, cuve, κολπος sein, golfe, glove, gant (enveloppe, cavité, globe, courbe, orbe, *urbs*, enceinte murée, groupe, grappe ; הלח, פלח, fendre, sillonner, πελεκυς hache, *falx*, scie, planche, son passif, ce qui est scié, pflug, plough, charrue, πελαγος la sillonnée, mer, πλεω naviguer, *flecto*, courber, croupe, *plicare*, ברך, genou, et prier, *precor*, בלק, creux, vide, blague, בוק, bague creuse, rond et enveloppe, bloquer, bloc, black noir (profond, invisible ; cucurbite).

C'est toujours creusé, courbe, *corbis*, en un mot, creux et rond. Ne l'oubliez pas, associez creux et rond, car c'est ainsi qu'on creuse. Voyez vos vases, votre buffet (buvette)? N'allez pas chercher quelques fines exceptions ; le peuple, obligé de n'en tenir compte, a fait sa langue à grands traits sans consulter ni grammaire, ni synonymes, ni Académie. Tout citoyen qui fabriquait bien un mot nouveau devenait législateur dans cette république littéraire sans aristocratie. Un jour on osera enrichir notre langue française en puisant bien dans notre mère, le latin, et dans les langues de tous les peuples ; je n'ose nommer ce je ne sais quoi qui s'appelle hébreu, car les Hébreux ne sont-ils pas proscrits, et moi aussi, avec ma langue chérie ?

Il n'y a de possible, il n'y a réellement qu'une langue, comme il n'y a qu'un organisme humain, qu'une famille humaine. Laissez faire les peuples, ils veulent se visiter, lutter d'industrie après les luttes sanglantes de la guerre, abaisser la muraille dont leurs maîtres les avaient entourés ; tout ce qui parle la même langue formera un peuple par des attractions puissantes et providentielles ; ils sauront concilier l'autonomie avec l'esprit de famille dans une grande unité d'un pôle à l'autre : *Fiet unum ovile et unus pastor*. Je sais le nom de celui qui a prononcé cet oracle. Son royaume, purement spirituel, embrassera le monde entier et tous les temps futurs. La diplomatie, le commerce, la guerre et la paix, le touriste et le missionnaire, le musulman et le catholique n'auront qu'une langue, qui se formera des éléments les plus hétérogènes en apparence, et il ne restera à cette belle langue universelle que ses éléments naturels, bien choisis, consacrés par le temps et les peuples.

J'entends : on me rappelle à l'ordre, c'est-à-dire à la grammaire, disent-ils. Soit. Le maître dira à ses élèves, au lieu d'insister sur *me pœnitet* et le *que* retranché, supposé que nous n'avons aucune langue : Allons, jeunes Cyclopes, soyez créateurs, allumez vos fourneaux, soufflez, battez, forgez-nous une langue. Oui, essayez de vous former une langue sur l'IDÉE et le SON articulé qui l'exprime, dont il est la forme. Vous remonterez souvent à l'hébreu sans vous en douter.

> Et de leurs bras nerveux lèvent de lourds marteaux
> Qui tombent en cadence et domptent les métaux.

En voilà une peinture imagée et sonore, voilà l'onomatopée, euphémie, euphonie, iconographie, eulogie. Cela parle aux yeux et aux oreilles, c'est vivant, poétique, hélas ! et bien difficile à dire en une autre langue, car ce gros coup répété *tomb, domp* des cinq frappeurs est d'un effet merveilleux !

Hé bien, nommons tout l'organisme de l'homme et de l'animal, la tête d'abord, extrémité supérieure : c'est hauteur, כֵּף (d'où un cap) ; רֹאשׁ, κεφαλη, kopf, etc. ; mais oublions, si c'est possible. Les cheveux seront poils, fils, fins, *menus*. Le front fort et briseur, dans les animaux surtout ; le visage, la face, ce que l'on voit, une vue le siége du diagnostique. L'œil, le voyant, lumière, l'organe de l'optique. Paupière, ce qui descend et monte sans cesse pour nettoyer et lubrifier l'œil ; cil petit, poil sur, sourcil, ou mieux surcil. La pupille ou tout petit point (*pullus*) voyant. Iris יאור, aux belles et variées couleurs ; cornée, qui se durcit au feu, l'œil du poisson surtout. Conjonctive, ce qui fixe l'œil, une conjonction de filets, vaisseaux et muscles ; conjonctivite, inflammation de ce système, le tourment de ma vieillesse, la fin, hélas, de mes études chéries, car lecture, écriture, sont tortures pour moi, semi-aveugle.

Mon moniteur me rappelle à la question, et j'y suis pourtant.

Oreille est le trou auditif, l'organe de l'acoustique, הֹתר, antre, ουτος אזן. D'où *asinus* aux longues oreilles ; puis *audio*, j'entends ; joue, *maxilla* mâchoire, de הקק, mâcher, broyer. Voyez loup, lion, même cheval. Menton, moustache, *mandcre, mandibule*, auront même étymologie, appendices du mâcher, manger ; la bouche aussi, .בכ, 'creux et בקע φαγω ; oris, pour khoris, puis vient *orare*, parler. Or triple est la fonction de la bouche, manger, parler, respirer. De là trois racines dans les langues, trois étymologies. Nez, deux fonctions, respirer, couler : פוה, souffler dans le midi, mais dans le nord cet incommode outil fait du mucus מורג, il coule, רוה ρεω ρ:ν ner, couler, narines, נזל, couler *nasus, nose ;* barbe, ce qui se coupe, ברה bis, d'où *barbare ;* par opposition aux cheveux, qu'on coupe moins. Voyez notre barbe blanche ; nous respectons le noble et mâle attribut qui survit au reste.

Lèvres, *labia*, des λαϐ לאב, *lupus*, lowe, לביא, dévorer, manger. Dents encore, *edo*, חתה, couper, tailler, ἔκω et verbes semblables. Comment, en effet, les nommer autrement? Voilà sommairement la testa, tosta dure chez nous, qui avons apparemment la tête dure, ou c'est la boîte osseuse résistant à la décomposition cadavéreuse. Fœtus d'abord, חיה, *vita*, *vitellus*, jaune d'œuf, *vitulus ;* l'animal prend force, κρατ *crescit*, *adolescit*, גדל, grand, noble, adulte, puis s'altère, שנה, prend des cheveux *canos*, chenus, *senex*, et il s'écoule, *moritur*, מרר מור, couler, מות, mourir.

Excellent maître d'élèves qui seront robustes, grands en langues, sciences et vertus, continuez à faire deviner, improviser les langues. Mais posez mes trois signes sur le tableau, couteau, flèche et cercle, et donnez des baguettes à vos élèves. Bientôt vous aurez discerné le génie avec le bon sens et les progrès de chacun.

Un jour que je faisais exécuter cet exercice à des quatrièmes, je demandai à l'un d'eux où il mettrait le navire. Il donna trois coups de baguettes rapidement sur les trois symboles. — Pourquoi, mon ami ? — Parce que le vaisseau est composé de poutres et planches, c'est passif au premier signe. Parce qu'il va d'un port à l'autre; deuxième signe. Parce que c'est un amas d'hommes et de choses. — C'est vrai, lui dis-je ; mais si c'est seulement l'un des trois. — Hé bien, on le nommera bâtiment, construction, ou voyageant de A vers B, ou maison, cité flottante. Je demandai à son professeur quel rang il occupait. — Toujours un des premiers. Hélas ! le chef de l'établissement étouffa ma méthode, comme ailleurs et toujours. Qu'on plaigne donc l'inventeur en choses immatérielles, impalpables, inexposables aux grandes exhibitions. Plus heureux le compositeur d'opéra, il peut écrire et montrer sa musique ; le peintre, ses tableaux ; le poëte et le romancier, leurs ouvrages. Avec cent millions de francs je ne pourrais qu'ébaucher les miens : figures, gravures, peintures, scènes, etc.

On veut que je m'éteigne, je ne demande pas mieux; mais mon modeste système, si vrai et rationnel, mais mes découvertes, mes travaux manuscrits ou imprimés, tout cela dévorera les vaches grasses, renversera la statue du roi-bœuf, et ne descendra pas dans la tombe avec moi. On fera un jour les langues comme l'histoire, en commençant par le commencement, et ce sera un progrès. Les idées et les langues anciennes d'abord, les mots ensuite et les langues classiques avec celles qui devraient l'être, ne fût-ce que l'arabe, parlé dans notre plus belle colonie, parlé ou connu partout où il y a des enfants de Mahomet. Un peuple plus actif et riche qui nous envahira toutes ces belles contrées orientales, et les révolutions ou péripéties imminentes prouveront une fois de plus que tout gouvernement éclairé a ou aura à compter avec les langues. La langue anglaise domine en Amérique. Français, moi, et catholique, j'aimerais mieux que la nôtre y fût parlée. Mais qu'avons-nous fait, que faisons, que ferons-nous ? Voyez plutôt, on trouve partout des interprètes juifs ; on dit que ces hommes-là ont une aptitude étonnante pour toutes les langues. On devrait l'attribuer, ce semble, à la langue hébraïque qu'ils sucent avec le lait. Fi donc, on se contente de les maudire avec leur langue barbare. C'est ainsi que, par prévention, manquent à la logique quelques gouvernements et beaucoup d'hommes. Ah ! si le roi le savait !

Mon moniteur m'avertit que mes paroles sont compromettantes, et il me demande le cou et le reste jusqu'aux pieds. Soit, donc le cou, *collum*, *altus*, עלה, haut et rond comme colline, gaule, *caulis*, עליון, *cœlum*. ḥals, colonne, עלות.

Epaules en Orient est colonne, appui. Le chameau vous montre long cou, tête haute et deux colonnes qui portent le système antérieur et supérieur, et deux autres colonnes qui supportent le reste, שכם, *humerus*, ομος haut, appui, et jambe, jambon, gambader. On peut aussi les nommer de leurs aisselles ou cavités, coupes, cuves, coupoles, σχαφ cavités, scapule ; escap., espaules ; poitrine et poitrail sera παχυς פגע compacte, serré, fort. Bras, briseurs, bređen, *brachium*, *lacerti* (lacéreurs), d'où *lacertus*, lézard, *ut* sauriens de σαυρος croix, ses bras. Coude, *cubo*, *cumbo*, d'où *cubitus* et cube, forme géométrique qui s'asseoit sur chacune de ses six faces.

Le maître intéresserait vivement par quelques mots de zoologie et de géométrie.

Poing, poignet, paquet, *pugno*, sont toujours παχυς פגע, pango παιω frapper un instrument ; *impingo*, heurter, *ut offendo*, heurter, rencontrer. Doigt, ongle, patte, griffe, serres, tout cela est hébreu, grec et latin, דקר creux, δακνω, δακτυλος, dogue, dock, digue, dé (un doigt métall., חקר, creuser, *acus*, *unguis*, פצר, heurter, פט, *pateo*, *spatior*, ποδος, *patere* griffe, v. nos קבר קרב *supra*, et חסר, coffre, creuser (haven, havre, חרם *carpo*, *discerpo* ; main, וסין, qui sépare, *comminuit*. Droite, la bonne, gauche κακη la mauvaise ; phalange, פלך, diviser, division, diviseur.

אם, *ma-ter*; אב *pa-ter*, mamam, mamma, mamelle ; côté, côte, חוצ, *ex*, *aus*, *extra*, qui saillit sur l'axe et le plan du corps, *latus*, *pro elatus*, large. L'autre ligne est la longueur. Bassin, βαθυς profondeur, *fundus* ; ventre, החר, trouer ; antre, entrée, outre, entrailles, contenant et contenu, θυρα, *door uterus*. La vessie, un sac, vase ; urine, rein, ριν, *renes*, rognon ρεω, נהר, couler. Cuisse est שוק, *ut* κυστις et les païens ont : sortis de la cuisse de Jupiter. Enfanter, *pario*, est פרח, *erumpo*; *pario*, éclater, se réjouir, d'où les *frie* et *freu*, franc, פרי, fruit. Genou, הנך, angarior, angoisse, angle, ברך, courber, genou et prier. Jambe, pilier, שכם. Pied. v. *supra*. Marcher est s'étendre, Spatʒiren, *spatior*, פרחק, s'éloigner, comme partir est se partager.

Mon ange ou démon δαιμων, me dit : C'est trop long, trop minutieux. Pour faire la philosophie des langues, il faut laisser tout détail, s'élever à une telle hauteur et en termes si pompeux que le public lecteur, acheteur, académique même, lise et entende de grands mots sans y rien comprendre ; le style, c'est l'homme, c'est le prix, la couronne, l'impression publiée, la clef et l'entrée de tous les honneurs. Vous ne savez pas enfler vos joues pour faire entendre : exégèse, criterium, Pracrit, pelvi, araméen, sanscrit, sémitique, Babylone et ses rois, Ninive et ses tuiles bariolées de cunéiformes, et ces mille caractères hyéroglyphiques de plusieurs milliers de langages de l'orient à l'occident, depuis Babel, Noé, Deucalion, jusqu'aux Incas, dont les cent dialectes se perdent dans la nuit des temps, et encore devriez-vous ornamenter, saupoudrer, fiorer toutes vos mirobolantes dissertations de quelques traits aigus d'esthétique, d'anthropopologie [1], de tirades humanitaires, socialistes, plus voisines de l'incrédulité que du christianisme. On fait table rase de toute inspiration, de toute révélation, de tout miracle, et tout au plus on laisse flotter sur ces débris l'image indécise d'un Etre suprême.

Pourquoi cette roideur de foi qui ne mène à rien dans ce monde ? Du reste, je vous approuve de ne pas offrir un encens sacrilége à Plutus et aux honneurs. Mais on vous dira : Faites donc en grand : 1° la classification des langues mortes ou vivantes ; 2° leur histoire et leur littérature ; 3° la grammaire comparée de toutes leurs affinités ou leurs différences ; 4° déployez de plus grandes ailes, des théories et méthodes plus didactiques et savantes.

Essayons donc, mon sévère, mais bon ange.

On apprendra désormais les langues pour les entendre et les parler (celles qui vivent) ; on n'admettra pas un mot sans lui demander la famille, la classe de son idée, sans le classer dans sa famille de son, sans lui avoir demandé sa raison d'être. Commençons, en verbes maintenant, par brûler, et, au moral, aimer. Du pratique, s'il vous plaît.

Brûler, c'est détruire, pulvériser, incinérer, décomposer violemment, brusquement. Donc en toute langue brûler est hacher, consumer, détruire, mais approprié par quelque légère flexion à incendier, brûler. אש, feu, hacheur, ברה, בער bgnor, buro, voro, סלח, פלג, hacher, πελεχυς,

---

[1] Selon un bégayeur acharné d'entr'eux, qui prêche l'autoctonie, autoto, philolologie.

falx , défalquer , *focus* , *flagro*, φλογος, *flagma* (*flamma*, *flogs*), *flos*, *floris*, blume, fleur, fulk, fulg, *fulvus*, fauve, fauvette, bleu, blanc, couleur flamme, *ut purpur*, pourpre, pourpier, de בער, *buro*, prune (rouge, poire, brun), brûlé, roussi, combustion, comburant, fire, feu, fare, phare, φαινω, diaphane, fenêtre, fine ; (angl.), beau ; fanal, pavon, paon, *fanum*, où se *manifestait* le Dieu, φ ou π ; ou ב, פ ; פאר, parer, préparer, orner, embellir, פלא, *bellus*, r ═ n.

Résumez. Au fort vous aurez ברה, בער, broyer, brute, brutal, brod broyé, pain, βρυττω, ברות, bread, brouet, brot, brod, et voilà le consumer par outils, bouche, puis par le terrible élément, le feu, puis, adouci, brûlant, brillant, aimant, pourpre, rouge, beau. Osez accuser les peuples.

Mais *fulcrum*, appui, *fulcire*, appuyé, n'a aucun rapport aux précédents, direct du moins. פלך, palac, plac, est bâton (*plagans*, brisant), appui, car le *baculum* tantôt brise, tantôt appuie (béquille), ce *fulcrum* n'est plus *fulgere*. L'ignorant dira : Les appuis de lit, table, trône, brillent, *fulgent*, *florent*. Répondons : le mot semble le comporter, l'idée pas ; *fulcrum*, appui, *fulgur*, éclair, c'est différent. C'est ainsi qu'on peut, qu'on doit même vérifier l'idée par le mot, le mot par l'idée.

Aimer est brûler, *ardebat Alexim*, il brûlait vers, pour Alexis. Io amo a Dio, J'aime à Dieu. את se met ainsi en hébreu, ath, ad, avant l'objet de l'action : Dieu créa, façonna, produisit, travailla à les cieux et à la terre. Donc כמר, brûler, amare, חרה, *uro*, חמר, brillant, beau, cramoisi, carmel (rouge), carmin, *cremo*, brûler, sont frères ou cousins.

Haïr est mal voir, fuir, aversion, חוץ, αυθ, out, odisse, odieux, avoir l'œil mauvais, *invidere*, ou une dent contre, שנא, שן, dent : Un jour une bonne et très-gaie vieille dame me dit en salon : Mon frère, j'ai une dent contre vous. — Ma sœur, lui répondis-je, passez votre main dans votre bouche, et vous saurez que vous en avez m..... Et tout le monde de rire, elle la première.

Mais חוץ αυθ, εξω, ex, vient lui-même de קצה, קצח couper, séparer, et c'est *cædo*, *cæsus*, *hasta*, *hostis*, *ostium*, *hostia*, יצא sortir, *més*-allier, μυσος misantrope, ημισυς *medius*, moitié, car *m* et *n* ne sont jamais partie intégrante du radical, et cela dans aucune langue. Souvent aussi *s, t,* doivent se retrancher pour y arriver sûrement. פלל pll, séparer, *intercedo*, a donné, תפילה *tapile*, *templum*, lieu de prière, oratoire ; *spatium est patere*. Donc ψ ps ═ π p.

Courir, רוץ routs, est couler, s'allonger, fluer, mais, צ ts, promptement. De là, route, red.., trottoir ; rheda, rêtre, rota, et on touche à ren, ran, rene, Rhin, ριν reins. C'est couler plus ou moins rapidement, avec plus ou moins de bruit. L'hébreu, l'arabe, les langues primitives, si naturelles, rendent ces modifications de l'acte, de l'idée par une admirable imitative modification du mot. Il faudrait plus de huit années classiques et académiques, pour monter si bas ou descendre si haut, la nature, peinture, musique, combinaisons harmoniques de tout cela, dans des proportions convenables, et avec des passages et des nuances difficiles à concevoir, impossibles à écrire.

Courir, couler, fluer, fleuve, pleurs, pluie, se coudoyent, et les langues ne doivent pas les confondre, mais elles savent discerner, approprier ; fluer, n'est ni fuir, ni couler, ni pleuvoir, et les pleurs ne sont pas des fleuves.

Mon Esprit m'interrompt encore. Ce n'est, me dit-il, ni une langue spéciale, ni la philosophie des langues. — Eh bien, laissez-moi, je vais invoquer résolûment la muse hébraïque, car l'hébreu est la source ou le résumé de toutes les langues, il en est le flambeau, le guide, la vie. Vous avez daigné m'exaucer, chère et divine muse inspiratrice de Moïse, de David, d'Isaïe ; soyez la bienvenue et dirigez ma plume ; j'ai fait beaucoup pour vous rendre aimable, aimez et inspirez-moi.

Entendez-vous ces professeurs profanes qui enseignent pendant huit longues années deux langues païennes. C'est toujours Jupiter, Mars, la belle Vénus, le voleur Mercure, des fables, de la mythologie, des métamorphoses, un enfer et un ciel matériels, mensongers, tandis que notre sainte langue biblique, si riche et si pure, n'est pas même effleurée. Même aversion pour son alphabet si simple, sa grammaire si courte et logique, et, il faut bien le dire, pour les faits, miracles, dogmes, morale qu'elle enseigne aux hommes.

J'ai balbutié un peu d'hébreu en effleurant la langue mosaïque, on me rappellait toujours à la question, à l'ordre. Dictez, je vais écrire. — Ma sainte muse, esprit que je ne pouvais voir, me révéla sa présence et sa faveur par un souffle parfumé plus doux que toutes nos odeurs les plus suaves et par des étincelles quasi-électriques qui s'échappaient comme d'un foyer. Je me sentis consolé, régénéré, plein d'une confiance qui approchait de l'audace et je pris d'une main la sainte Bible hébraïque, de l'autre son squelette, presque sa caricature décorée du nom d'*Abrégé* de l'histoire sainte.

Pourquoi, me dis-je, n'oserais-je pas décrire plantes, minéraux, croûte terrestre, astre même, comme je l'ai ébauché pour le corps animal, et pourquoi atténuer tout cela en ne donnant pas toujours le terme hébreu ? Essayons.

Plante vient de planter, πλαναομαι étendre, ranger, ut נטע nattôh, étendre, planter ; נתן étendre simplement, mais final ע marque chute, זרח resplendir, azur ; זרע *sero* semer ; טבע plonger, tomber, τυπτω taper, tambour, ταφη type, tambour, tief, teuf, profond. Donc planter, plante est נטע (nattô), d'où natte, si ce n'est nextum, עשב convient mieux aux plantes fourragères שרץ, חושב coupée ; ירק virga serait notre *caulis*, tige, mais עשב plante, עץ hôts, ghots est arbre, עצם os un os, puis *ipse*, en chair et en os, the same, plus fort que *istum*. C'est le sens de δρυς arbre, le chêne חרץ surtout, d'où druides. Le bois de l'arbre répond à notre charpente osseuse, partie serrée, צר, στερεος dure, *ut corium*, cuir, et *cortex*, écorce. Tous deux enveloppent tout le système animal ou végétal. C'est le sens *de pellis* πολεω, boule, *volvo* et de *cutis*, כתר ktr, cadre, escadron, escadre ; quatre côtés, *quattuor*, guêtre, et כתן χιτων tunique, cotillon, coat, coton, οθονη. Rapprochez de même le sang, דם αιμα, toujours nommé brûlant, rouge, purpurin avec sève, liqueur grasse plus ou moins, qui nourrit aussi tout le mécanisme végétal, mais suc gras et incongelable providentiellement dans les arbres résineux du nord. Autrement ils se fendilleraient comme nos chênes dans une très-forte gelée, qui les détériore et les tue. De même le sang chez nos braves de Moscou.

Cette gelée, *gelu*, kalt, cold, קרח, ιχωρ, *cruor*, coagulé, caillé, touche à קרה, קוה, *congrego, civitas, congruo, ingruo, cresco*, מקוה, réunion, מקום lieu, *ut locus*, et הלך alker, aller, puis ιχω, to go, gehen, *eo*, je vais, *eimus, imus*, etc. ; *ire*, aller, devient régulier ainsi. De même ferè *volo*, vouler (oir), je voule, nous voulons.

La racine de la plante a l'aspect brisé, fragmenté, d'où רצ, רש, ορiζα, ριζα, riz, dont le système supérieur est rizaïde, root, radix, etc., famille, razer, rosser, *rastrum, rostrum*. Nous disons son *chevelu*. Nous disons aussi collet supérieur, collet inférieur, tous deux similaires et solidaires, d'où nos plantations parisiennes réussissent peu, car le savant rougirait de planter comme la nature. Il enfonce donc l'inférieur, tellement qu'il ne peut vivre ni mourir, vrai mât de cocagne sans influence aérienne, ni grâce, ni vie. Las de réclamer vainement pour les milliards de plantes et arbustes enterrés en France, je vais les voir planter, s'étioler et mourir. Semez plutôt un gland, Messieurs ; voyez comme il se développe, comme il sait épanouir un robuste collet inférieur et donner un vrai *robur*, chêne, belle racine, רבב, רחב, רב, rabin, robe, robuste. Tige est élevé, *caulis*, על, et feuille aussi, עלה φυλλων, *folium*, un peu פלל, fendre, plat, plane, et στυχ, στιγ, poinçon, piquer, *stigo, stigmulus*, où *g* a péri. Stirps, souche, est טרף, briser, pulluler, *pullus*, poulain, poulet, poule, car aucun oiseau ne pond autant qu'elle. De même coupez

branches de saule, tubercules, polypes, vous arriverez de *pullus*, petit, à
πολυς, pulluler, *ut* שרץ, déchirer et abondance.

Le collet supérieur, עלה et עבר, *super*, nous montre ses rameaux רם,
haut, élevé, d'où Rome, ramier, ρεμβω, lancer, rhombe, רעם, tonner,
tonnerre. Rameaux semblent bras, branches. V. פרק, et βραχυς, *brevis*,
dans mes Racines grec-hébr. Le *liber* y abonde, לבן, blanc, liban; alb,
aubier; plus tard il devient bois, עץ, עשב; *lignum*, de חלק, לחק, lacérer,
débiter. Quel épanouissement gracieux dans un pommier fleuri, oranger, etc.

Viennent au printemps gonflements (*conflo, turgens*), *turgeo*, presque
surgo, surculus, sororior (*mammesco*, bourgeons, פרח, *crumpo*, calice,
כלי, de חלל, creuser, alène, et כלא, contenir, *caula*, bergerie, *celo*, clam,
clef, *claudo*, toujours creux et rond, et ses sépales (sépar., division cor-
respond. aux pétales embryoniques.

La fleur (*flagro*, φλεγ *flamma*, כן, *ut speci-men, fulci-men*), la fleur
blanche s'ouvre, *se aperit*, פער, percer, *pora, porta, portus*, le plus bel et
admirable appareil commence à jouir des influences de l'אור et de la
rosée. Prouvons une fois de plus que *m* et *n* ne font point partie d'un
mot radical simple et primitif. רוד, ρεω couler, r r r d'abord, *rorare*,
rarus, ou דרר a donné נהר, couler, d'où Nérée, dieu des fleuves *amnium*,
et ναω, nare, nager, *narro* même, *ut* ρεω couler, murmurer, parler.
Ajoutez *m* participe, מנהר, c'est un deuxième verbe *manare, amnis. Sic*
τιω, puis *metus, timor*. Or נהר signifie aussi lampe, éclairer, d'où *mo-
nere*, éclairer, avertir (*advertere mentem*). *Sic* רוח, *spiro*, נוד, vivre, de-
meurer, *manere*; puis *mansio*, maison, où l'on vit, c'est espagnol : Où
vit-il, demeure-t-il? ת est souvent ajouté au pur radical de trois lettres
au plus : donc il faudra souvent le retrancher de nos étymologies; et
comment procéder en hébreu, arabe, grec, latin, allemand, quand on n'a
pas la moindre teinture de la langue universelle primitive, avec ses
quelques lois si simples et fécondes?

La muse sacrée m'arrête. Mon fils, tu as trop raison pour qu'on croie
et qu'on t'écoute. Si les hommes d'aujourd'hui avaient l'habitude héréditaire de marcher à pieds joints en sautant, ils apprendraient à leurs
enfants à aller ainsi. Finis pourtant tes fleurs, quelques messieurs et
dames te liront avec intérêt, si ce n'est avec fruit. Fleurs נצה, ציצה, tsitse,
natse, saillissement, éclat, parure. Quel son et quelle image! זית flamme,
olive, הלל briller, huile, צות *incendo, æstus, studeo*, orient, est, sud;
titio, blitz, éclair. C'est la coupole brillante de l'édifice aérien des plantes,
l'ensemble varié et balsamique dont Dieu a composé la couronne du
printemps. Briller est l'effet atténué par *i* de brûler. De même dans ציץ,

incendier ; *œstuo*, allumer, briller ; *tempestas*, bouillonnement ; *Estia*,
Vesta, la déesse du feu domestique. Voila pour les pétales (pat étendus,
le pistil), פצר broyer, poussière, *pistor*, pastier, pâtissier, *postulo*, *fla-
gello*, *flagito* et même la peste, qui brise. Il suffit que le filet stigmaté
(piqué, ouvert) ait forme de pilon. Les anthères sont les époux, Andres ;
le pollen puissant à féconder, *pollens;* בעל dominer, mari ; étamines, *sta-
mina;* corolle petite et belle couronne, *des kour, gour;* עיר peau et ville
murée, couronne de Cybèle, de עיר *corium*, et ville, la fable de Didon.

Le fétus ou plutôt embryon est-il appelé à la vie, l'ovaire nourrit, se
gonfle ; c'est le fruit פרי, de parr, s'ouvrir, *aperio*, et produire, פרא,
פרח, היה, חיה, *erumpo; spiro*, être, vivre, חיה, *vita, vitellus, fœtus.*
Certain *uterus* (outre, ventre, רחם) nourrit une nombreuse famille par
un petit filet ombilical, et à la mort de chaque individu producteur, la
vie de l'espèce est assurée. Notre *fructus* rappelle *frango* au passif, par
u ר, ou, o hébreu, et χαρπος, *carpo, decerpo*, חרת, *rapio*.

L'enclos qui renferme les plus belles de ces enfants est le jardin, gar-
dien; *hortus*, gart d-en, גן, gaîne, entourage, סגן, bouclier. Celui
d'Adam, עדן, beau, délicieux, fam. Adonis, ηδυς, *gaudeo*, חדה,
lœtari, כתר, entourer, contenir, *cadus*, vase, jatte, *catena*, tunique,
coton, *cutis*, clôture, cotillon, cotte d'armes.

L'eau qui l'arrose, סים, pour marim, de ר, ר, ר, *m* ou *n* avec *r*, d'où
mare, *mœreo* pleurer, *rorare*, נהר, cours d'eau, *manare*, Naïades,
ναυς, *navis*, navire. Pluie, de *pluo, fluo*. Le vent porte au loin la
poussière fécondante, עיט, αετος, wind, *ventus*, עדה, *irruo*. Girouette,
גור, rond, רגל, circuler, pied, marche, hégire, la fuite et pérégri-
nation du grand Croyant..... à soi, Mahomet ; gyrole, virole, *gyro,*
verto, grinor avec *per*, pèlerin, Hégar l'Etrangère, la malheureuse
rivale de la fière Sara, שרה, *domina*, maîtresse, et c'est l'histoire ce
Vénus et de Junon devant le tout-puissant et faible Jupiter, Jupin, selon
les mauvaises langues, car *in* diminue, fémininise. גור est encore
gyron, guirlande, géranium, girandole, חגר, *cingo*, סגר, ensacher,
חשך, σχια, σχοτ..., ténèbres, *casa*, case, *caseus*, fromage, caser,
cacher *cœcus*, gousse, Cocyte, Kust, Kist, חצר *castra, Astu,* astuce, etc.
Cas, sac se trouvent en toute langue pour sac et cacher. Pourquoi ?
C'est, a dit quelqu'un, parce que les ouvriers de Babel n'en remportèrent
rien que chacun son *sac*. Dieu me garde de faire ces ingénieuses étymologies. Je me trompe peut-être véniellement quelquefois. C'est que je
suis homme, que je vais droit, vite, largement en méprisant les criailleries
du pédant, esclave patient et désœuvré de légendes, archéologie, numismatique, pendant que j'apprends à planer sur les langues par des con-

sidérations et des lois générales. Leur travail, toutefois, pourrait être utile.

La gousse joue un grand rôle, *siliqua* en latin, qui se sépare en deux, fam., חלק, diviser, *aliqui*, χλυοι, silex qui coupe, *sulcare, colere*, puis *occare, æquare*, εοικος, ικον, image, équité, *ulex*, houx, hoyau, *lucus lignum*, qui se coupe et se travaille, *ulcus*, ulcère, qui ronge, חלק, *allécher*, poli, doux, travaillé et poli, *deliciæ, dulcis:* γαλαχ, lac, lait, *mulgere*, traire, milch, milk, lait, melon, miel, μαλαχος, poli, doux, *mollis mulier*, Mulciber, Vulcain, *qui mulcet*, polit et fond, métal, foudre, carreaux pour Jupiter (חרר, *uro*, χεραυνος. On est d'abord étonné de cette famille disparate, hétérogène. C'est que חלק est lacérer, *erudire*, enlever aspérités ; il reste le poli du marbre, de l'acier, du bois d'ébénisterie. צור, יצר a les mêmes premier et deuxième sens, dégrossir, travailler, construire, *struo*, historien et histrion, qui composent, et puis c'est le participe et nom מורצר, Moussa, *Musa*, μουσα, יסר, dresser, ισος, lisse, égal. Muse est donc qui instruit et polit. Daignent les bonnes Muses descendre en nos classes pour dégrossir, érudir et polir véritablement !

Ma muse, invisible toujours, me fait sentir intérieurement qu'elle est contente au fond, mais peu confiante dans ma manière d'exposer, tant les hommes sont légers, prévenus contre notre langue chérie, emportés par le tourbillon des affaires et du plaisir, surtout en France ; elle voudrait que je m'adressasse aux Allemands, que je fisse consacrer ma méthode au-delà du Rhin, là où l'enseignement est libre, où un inflexible programme ne se dresse pas devant les maîtres et les élèves ; là où est pour le moment le sceptre des langues, dérobé à la France; là où la philologie occupe un si haut rang, est honorée, et d'où elle nous vient à Paris. Cette consécration nécessaire, il faut la lui demander en sa langue, si primitive en comparaison de celles qui ne sont du latin que les filles plus ou moins difformes et dégénérées.

Ma réponse était facile, le médecin ne traite que les malades. J'ai fait l'allemand rapporté à l'hébreu, ce qui était déjà soupçonné chez eux. J'aime mon pays avant tous les autres. La France m'entendra quand..... les temps seront venus.

C'est noble et très-bien, me répondit-elle, mais votre Voltaire, qui ne savait pas l'alphabet hébreu, a tellement travesti la sainte Bible et bafoué les vrais croyants que notre hébreu ne trouvera pas grâce. Sortons du jardin de l'Eden, entrons dans les campagnes et continuez.

La vie des champs va nous offrir de riantes scènes, une moisson d'observations, des scènes pittoresques, et nous ouvrir de vastes horizons. C'est le berceau des langues.

Champ est יקב, *cavatus*, cultivé, bas, par opposition aux montagnes.

מדה creuser, חקר, id., אכר, labourer, laboureur, אלכר, le creuseur, *colonus*, *ager*, agriculture, fam., חלק, ci-dessus, *colo ;* cultiver champ, science, ami, Dieu même ; culture et culte, *calcare*, calquer, inculquer, חלל, creuser, cale d'un vaisseau ou sa carie, carène ; hollow, puis, low, alène, *alvus*, *alveus*, שעל, tombeau, *aratrum*, חרם, *arare*, *peragrare*, ou גור gyro.

Eveillé par son coq, le laboureur éveille, עור, pique ses gens. Il distribue les rôles ou fonctions, *ordinat*, puis *jubet*, יבל, règle, arrange, ערך. On part (se séparer), on emporte avec soi, non du crayon, des pinceaux, des instruments de musique, mais faux, pioches, charrues. Donc, 1° on coupera, piochera tout le jour ; 2° tous les outils seront nommés de ces fonctions brutales : *messer*, couteau, *esse*, *essen*, *edo*, *esus*, *mensa* où l'on mange ; *metire*, *messis*, moisson, mètre, section de l'espace, *mensis*, section de l'année avec moon, lune, de נהר, lampe, ἡμισυς, moitié, *medietas ;* fourchette est בריח, פרק, fourche, *veru* et autres mots que l'étymologiste doit savoir taire ; cuillère, κοιλος, creux et rond, κοιλη, bassin, plat, πλανυς πλατυς, puis pat, par *atrophie* de *l*, comparable à la neige au soleil d'août ; patine, plat, bassin, patène. Nappe est סנה, retourné, surface, παν, *pannus*, pan de mur, même le dieu Pan, ou tout. Chaise, כסא, sac, coussin, seul siége de plusieurs peuples ; poivre, πυρ, feu brûlant ; pain, παω, nourrir, לחם, lacéré, kôubs, *cibus ;* chair, בשר, קרע, déchirée ; bœuf (bœuq), בקר, bêcheur, boxer ; בקרה, bacca, puis vacca ; daim, *damus*, דם, sang, rouge ; chevreuil, *capreolus; capra*, brouteuse, חרף, *carpo;* veau, *vitulus*, חיה, *vita ; nascens ;* mouton, *mitis*, מתק, mitigé, le doux ; rognon, *renes* (fluents d'urine) ; foie, fiel, bile, בלה, vil, vieux, failli, mauvais, παλαιος ; ירע, semble avoir donné *jecur*. Les רע sont *ruo*, *irruo*, méchant, amer, rouer, rouerie, ruine, marô, mara, רעה, ravager, paître, puis se repaître, aimer, ami, proche voisin. Rôti rost, רץ, briser, rosser, *rastrum*, *rostrum*, puis, קצה, חצה, puis *essen*. *Ave, ave, aves esse aves*, bonjour, grand papa ; désires-tu manger des oiseaux ? caille, קל, *clamans*, criarde, presque *gallus, gallina* geline. Grue, גור, *émigre*, voyage ; hirondelle glisse, coule, descend, רדה, ירד. Tout cela est expliqué individuellement et en neuf langues comparées dans mon Dictionnaire.

Ma muse.—Comment, vous osez faire aller ensemble neuf langues! vous n'aurez pas de lecteurs. On dit qu'il faut apprendre chaque langue de mémoire, avec grammaire, dictionnaire et maître, et qu'elles n'ont rien de commun ni dans les idées, ni dans les mots, qu'elles n'ont leur raison d'être ce qu'elles sont que le caprice, l'usage.

—On le dit, je le sais, mais aujourd'hui celui qui dit vrai a raison finalement, c'est une question de temps, rien de plus. — Oui, vous avez une grande foi, mais trop de confiance peut-être ; octogénaire, vous jetez votre dernier argent aux imprimeurs, aux libraires et à des ingrats.—Je le crains, mais je poursuis.

La vie et la langue des champs sont près de la nature, d'autant plus simples et meilleures, et celle-ci restera toujours la poésie, l'éloquence des cités. Les nomenclatures scientifiques y reviennent toujours : αιθω, צות, antologie, fleurs, briller, brûler ; pathologie, παθειν, פתה ; thérapeutique, רפא, médecin, רפאל Raphaël, médecin de אל, Dieu, *Altissime et valent.*, et la terminologie médicale ou de toute science, même des arts : tous ces vocables ont une voix, une image, des rapports saisissables de familles, groupes, genres, espèces. Point de bâtardise et d'isolement, ni dans les idées, ni dans les sciences, ni en quoi que ce soit. Dans notre ruche humaine, malheur à qui s'isole ; malheur à un chef quelconque qui se sépare de ses subordonnés, malheur à qui sème la division, la discorde là où il devrait semer la concorde, l'amour et la paix !

Je reviens donc à mes bergers, agriculteurs, à leur vie simple et active. Tous les instruments sont sécants, coupants, soc, חק ; coutre, חתר, קטל, culter, charrue, קרע déchirer, d'où guerre, guère, gering, gruau, grouin ; גרון gosier, grain, rogner, ronger ; ρηγω déchirer, raie, gruger, grogner, גער *jurgo ; securis*, hache ; חק, soit חקר, primitif, ou חקק itératif, ou חקה plus faible ; râteau, רצ, קרצ ; רצח, égorger ; puis, par affaiblissement de *r* en *l* כחץ, opprimer, *lacesco*, lest, poids et plomb, *lædo, læsus*, avec ב, blessé ; *blæsus*, bled concassé, blind aveugle ; blouse est בלק, blague, bocal, enveloppe. Prenons garde aux rapprochements forcés, aux tours d'esprit et de force, n'ayons que l'esprit, le sens commun, le seul bon juge en dernier ressort, droit, vrai, incorruptible, s'il n'est perverti d'en haut et par ordre. Cet immense malheur, je ne crois pas avoir à le craindre, maintenant que la voix du peuple presque partout n'est plus étouffée. Je me crois donc sûr d'un succès définitif quand mes adversaires et moi serons morts. Si l'on écrivait toutes les étymologies forcées, absurdes, ce serait un infolio d'un mètre cubique. Si l'on comptait l'argent et le temps perdus, on aurait des millions de milliards et des siècles. Si je vivais encore un demi-siècle sous cette pédagogie, je ne compterais plus que quelques adorateurs des muses, et de rares littérateurs qui n'étudieraient que pour arriver au journal et au barreau, aux chambres ou aux romans. Grand Dieu ! et voilà comme roulent les destinées du peuple qui se croit le plus spirituel du monde ! Le bons sens use l'esprit, et vice versâ.

Ma Muse me gronde avec une bienveillance maternelle. — Prends garde, tu auras tort à force d'avoir raison.——Je crains Dieu, rien de plus.

— On dira que tu es original, maniaque, monomane, fou. — Oui, j'ai la folie de la vérité, de la foi, du dévouement, de la croix, du christianisme, persécuté dès sa naissance. Il a triomphé enfin, et rien ne lui manque pour son triomphe complet que d'être dégagé de tous les éléments mondains. Il faut que par tout l'univers la science, la logique, la raison, la philosophie et la foi se développent, que les peuples fraternisent, si possible, par une langue universelle, par l'abaissement au moins, non-seulement des tarifs des douanes, mais surtout de la difficulté d'apprendre tant de langues, ou non enseignées, ou enseignées dans l'isolement, et plus encore sur un magnifique programme-budget que dans la réalité. Oh! j'aurais trop à dire, et je me résigne à quitter la ville, πολις, הול, *villa*, pour les champs, אכרים *agrim*, devenu *agri*, אכרי *ul* λογουμ, λογοιν, λογοι, enfin.

Nos paysans rompent jeûne, déjeunent avec ail dans le midi, *allium* puant et rond, חלל, *olor*, חול, rond ; ou fromage, lait pressé dans des formes, חלב, galb, *galbanum*, kalb, veau gras, חבוא, gras, assemblé, blanc, presque *albus*. Le deuxième déjeuner sera encore dîner, *dijunare*. Au retour le souper, *sorbeo*, sorbet, ערב *otium*, doux, liquide, ροφεω. Enfin la quiétude, *quies*, קץ, cessation de travail, *somnus*, *dormitio*, תרדמה, *sopor*. Tout cela est détaillé dans mes nombreux ouvrages.

On jase un peu, *jocari*, jacasser ; הדה, *gaudeo*, ode, *laudo*, *gavisus*, *joculari*, צחק (Isaac) ; on badine, בטא, *vates*, chantre, oracle ; on taquine תקע, toquer, *tango* ; on se pouffe de rire, פוח, on se vexe (*veho inveho*, tangage et roulis) : on se harcèle, *lacesso*, כרץ, חרק, grincer. On se lance, flèche, פלח, lance, שלח, haste, חץ, *sagitta*, d'où *hostia*, *hostis*. On est gaillard, gai, *hilaris*, גיל, γελαω, lаugen, avec plus d'abandon que dans les salons de la ville.

Ici ma chère Muse m'abandonne. Je suis appelée dans une école hébraïque où cinquante élèves s'étaient présentés au commencement du cours. Au bout d'un mois, trente sont restés, dix après deux mois, cinq seulement aujourd'hui persévèrent. Je vais parler au maître de vos travaux, lui conseiller de laisser grammaire et massoritisme pour ne lire et expliquer que le texte pur. — On ne vous écoutera pas, chère Muse, je le jure, non jamais, jamais, יסף לימים. Oh! du moins revenez à votre enfant.

Et voilà sa profane sœur arabe qui vient prendre sa place. Sa présence, quoique voilée, causa à mon âme une impression vague de tristesse et presque de répulsion. Ce n'était plus, sous un ciel pur, le suave parfum de la rose, du lis du Carmel et du Liban : c'était le bruit, la poussière des combats, un air irrespirable, un je ne sais quoi d'obscène et de brutal qui irritait mes sens et révoltait mon âme. — Je viens t'inspirer, dit-elle, si tu veux décrire la vraie langue d'Allah, la mienne. Celle-là ne soupire pas avec les prophètes d'Israël, c'est celle du nôtre, guerrière comme lui ; langue fière, comme elle convient à un peuple conquérant et voluptueux comme ses climats. Je connais tout ce que tu fais pour les autres, et le peu qu'écrit ta plume pour nous. N'a-t-elle pas le même fonds et la même forme que l'hébreu, à qui tu nous sacrifies ? Pourquoi cette prétérition ? — Muse arabe, ce que vous dites ici avec raison est précisément l'excuse de mon silence. D'ailleurs votre langue est vivante, plus positive et prolixe, en caractères assez difficiles et bien peu connus. J'ai annoté Freytag arabe et Lokman, depuis le premier mot jusqu'au dernier, et j'espère, plus tard, imprimer mon travail. J'ajoute enfin que très-grande est la répugnance européenne pour votre langue, très-belle d'ailleurs. La fortune m'a donné très-peu d'argent à dépenser, mon âge, très-peu de temps à vivre, et en renflant inutilement mon Dictionnaire de huit langues recherchées et pratiques, j'aurais diminué, en l'augmentant, son prix et fait des sacrifices ruineux. Mais j'affirme à mes lecteurs que l'hébreu leur rendra l'arabe attrayant et facile. D'ailleurs les langues subissent le sort des peuples, et le croissant du prophète s'éclipse ; cette succession, qui semble assez prochaine, va s'ouvrir au christianisme. — Par Allah, père des croyants, il n'en sera pas ainsi ; tu m'insultes, je me retire. — Hé bien, je vous donnerai une petite place.

La Muse grecque, hélas ! trop païenne, me vint à son tour. J'osai lui reprocher d'avoir été licencieuse, profane, et de s'être hérissée de règles bizarres, de trois cas et genres, de duel, d'actif et passif, de modes multiples et difficultés inconnues aux langues de mon Dictionnaire, à toute langue, si ce n'est le sanscrit, que mon élève et ami, M. Rodet, vient de nous rendre plus accessible par un bon petit ouvrage en vente, écrit modeste, simple, clair, que le pédantisme attaquera s'il le veut : mais certainement le sanscrit est un rameau hébraïde. J'en tiens la preuve complète, écrite, à la disposition de qui aura le même zèle que moi avec plus d'argent et moins d'années. Oui, le sanscrit est de l'hébreu raffiné, difficile et peu utile.

Du reste, chère et gracieuse Muse grecque, j'ai déjà beaucoup écrit pour votre langue ; mon *Panorama de cinq langues*, mes *Racines grecques*, et tous mes ouvrages attestent mon zèle.

— Eh bien ! Lancelot, plat rimeur français, a plus de débit et de lecteurs en France que toi, consciencieux auteur, dans cette France classique où tu oses le premier substituer la raison à la rime, à la routine la science, à une appellation consacrée, racines, celle de branches hébraïdes, en démontrant dans tous les mots grecs qu'ils ne sont que des rameaux de l'hébreu, et tu ne crains pas d'épuiser les deux langues pour prouver ta thèse insolite et les éclairer l'une par l'autre. Est-ce qu'on étudie en France ? — Cela reviendra quand ne se dressera plus cet épouvantail formidable, et juge en dernier ressort, ces prix qu'il faut payer d'études, non d'apprentissage mécanique à tant l'heure, écueil contre lequel échouent les imbéciles paresseux, ce qui n'est pas un mal pour la société. Mais aussi les génies de premier ordre, Cuvier, Napoléon, Thénard, Lavoisier, Fulton, n'étaient pas bacheliers et n'eussent peut-être pas voulu l'être. — N'écris pas cela, c'est compromettant. — Chez moi, compromettant n'est pas français. Vrai, faux, juste, injuste, c'est tout. D'ailleurs, j'estime beaucoup de mes contemporains qui, quoique...., quoique bacheliers comme moi, ont un mérite incontestable. Je vis dans un pays intelligent, libre, et sous un gouvernement libéral, animé des plus nobles sentiments ; je dis carrément : On traite mal en France l'enseignement des langues, faute énorme pour elle, digne d'être la capitale, la mère, le cœur, le flambeau du monde entier. Que M. le Ministre de l'instruction publique, qui a provoqué, opéré de grandes améliorations, ose provoquer, opérer encore. Qu'on étudie les langues comme l'histoire, les mathématiques et tout, par le commencement ; qu'on descende le fleuve des langues ; qu'on ne le remonte pas, sous peine de travailler beaucoup pour s'arrêter dans le découragement et maudire ce qui répand la fécondité, relie les peuples et sème partout la science et la vie. A qui la faute, si nos couronnés des heureuses baies du laurier disent la plupart un éternel adieu aux langues et aux Muses ? — Allons donc, ami, pas tant et de si dures vérités. Voyez là haut quels orages. Ces Messieurs ne savent pas l'hébreu, ils ne l'apprendront pas, donc ils ne permettront pas qu'on l'apprenne, qu'on l'enseigne, et qu'il initie aux langues ; ne fallût-il aux élèves que vingt-quatre heures de plus en charmantes excursions pour s'éclairer à tout jamais dans les langues, les arts et les sciences, tous les exercices de la pensée, toutes les évolutions de l'esprit et du cœur, tous les nobles efforts et créations du génie. Vingt-quatre heures! Mais pendant ce temps-là on aurait appris cent racines de Lancelot, vingt pages d'histoire grecque et latine, deux odes d'Horace, trois chants d'Eschyle, étudié la numismatique gauloise, la poterie de Dagobert, les fouilles de Pompéia, les culottes de Dagobert, les batailles de...., les mariages et descendances de.... mille choses autrement importantes, selon quelques Archéomanes. Laissez donc votre hébreu : *Nihil bonum nisi quod prodest*, disent-ils. — Mais je le dis plus et mieux que ces adorateurs du passé et de la routine. Je descends et remonte sans cesse de la théorie à la pratique, à ce qui est positivement, présentement, individuellement utile. Les contemplations transcendantes et abstraites ne conviennent qu'à un très-petit nombre de pontifes de la science, et encore on ne lirait guère Laplace, si son admirable travail n'avait pas pour les marins et les Læensberg une utilité pratique. Je fais donc comme la séve descendante et montante, comme l'électricité atmosphérique des astres et de l'atmosphère à la terre, comme le sang tour à tour artériel et veineux, comme le fisc public ou particulier qui aspire et expire en quantité égale, plus ou moins. Je dis donc: Avec moi, économie considérable de temps et d'argent, travail rationnel, logique, délicieux et facile, chemins de fer, bateaux à vapeur, télégraphe électrique, vol de l'aigle au-dessus des montagnes, air pur, lumière, vastes horizons, aptitude prochaine à toute langue, à toute science, jeunesse fleurie, vieillesse verte, foi robuste, carrière honorable, vie pleine, bénédictions du ciel et de la terre.

Muse grecque. Mais nous avons presque tout cela dans Socrate, Platon et autres sages de la Grèce. Cher disciple, vous faites bien d'éclairer par l'hébreu et les langues de l'orient les langues occidentales, spécialement notre belle langue grecque si noble dans Platon, si mâle et fleurie dans Démosthène, et depuis, dans le christianisme, riche, véhémente ou gracieuse dans Chrysostome, bien nommé bouche d'or. Vous nous avez reproché la grammaire, les formes ; mais vous les avez élucidées, abrégées, et vous avez révélé et relevé le fonds. Or c'est le fonds qu'il faut étudier dans les langues. La grammaire vient avec les exercices de la traduction, et les vrais hellénistes sont ceux qui comprennent l'idée, l'image et la convenance de son de chaque mot. De cette manière, on descend du grec au latin par une pente douce et fleurie, et ces deux langues ouvrent deux bassins où les savants d'Europe peuvent puiser encore et toujours. Merci pour vos travaux accomplis, merci pour la place que vous nous préparez dans votre dictionnaire comparatif, à côté de notre mère commune, l'hébreu. Nous sommes bien maltraitées dans les écoles de France, relevez-la et nous-même. Adieu.

Isolé un moment je sentis toute ma faiblesse, tout mon néant, esquif ballotté dans des mers inconnues, sans étoiles, sans boussole, et j'invoquai Dieu. Il m'envoya la Muse latine, qui me remercia aussi d'avoir beaucoup fait pour elle.

Ma mère, lui criai-je, pitié, consolation, lumière et force. On est sourd à mes paroles, on exploite les parents, on torture les élèves pendant huit années pour ne pas leur enseigner votre langue avec ses racines et sa filiation hébraïques, et ce sont les deux langues de mon cœur, de mon génie, de ma piété. On ne rapproche point les langues, on a des chaires de sciences comparées, pas une, une seule pour la haute philologie et la comparaison des langues ; on fait de l'ethnologie sans dire un mot des langues des peuples. Pour nous, Français catholiques, votre langue est la plus facile, nous y sommes initiés dès l'enfance dans nos temples, au foyer domestique, sur les genoux de notre mère et de notre père, dans le *Pater* et tant d'autres prières. Tout jeune, dès 89, j'ai vu des cercles où on lisait Virgile, Horace ; on se passionnait pour les auteurs latins, on les savait par cœur. Aujourd'hui qui s'occupe de nous, chère Muse ?

Muse latine.—Sans doute, et c'est un malheur, plus encore une faute bien dommageable et une ingratitude que nous déplorons. A qui la faute ? à ceux qui règlent et exécutent l'enseignement. J'espère que l'Italie, l'Espagne, le Portugal, qui sont nos filles aussi, ne partageront pas le déshonneur de cette défaillance.

L'Allemagne, protestante plus que catholique, est toujours à part en politique, philosophie, linguistique et religion. Sans un intérêt aussi direct que la France et ses sœurs latinigènes, par un instinct admirable pour tout ce qui est beau, l'Allemagne a bien conservé sa langue presque orientale dans ses forêts inaccessibles, pures de commerçants étrangers, par la simplicité de sa vie et de ses mœurs, par son attachement aux traditions, et à sa langue énergique dans ses radicaux, et souple, mobile dans l'addition des prépositions qui les modifie admirablement, comme on fait en grec et en latin, même en français, dans : déposer, composer, décomposer, apposer, imposer, reposer, supposer. Nous dominons le monde civilisé, parce que nous avons emprunté notre langue à Rome, et qu'elle en a été le foyer et le centre.

Mais, vénérable et sainte Muse, c'est ce que je démontre à des aveugles et répète à des sourds. Vos radicaux ou plutôt rameaux latins sont des radicaux hébraïques, deux cents au plus, apprenez-ies, élèves ; moins encore, constatez que vous les connaissez. Après cette ascension facile, descendez aux langues par tous les versants, et vous ferez au grand jour et sûrement une moisson abondante. Vos formes mêmes sont hébraïques. Ainsi les pluriels en *i* et en *es* sont ים ou י simplement, et ות, devenus ית même en hébreu. Vos cas sont les prépositions hébraïques על, ל, tombé en voyelles *i, u, o, ou,* en grec aussi, et עם , *um,* all., *cum,* κοιν, enfin, מן, מ, εν, *um.* Le duel n'est que ים, puis εν et c'est hébreu affaibli. S'il y a plus de deux, on le dit : trois, quatre, etc. Si c'est comparatif, *or, sanctior,* de הר, ορος, αρι, haut, plus, *more* ; si superlatif, allongez ; *sanctissimus ;* mais, ne pouvant dire *nigerssimus,* dites *nigerrimus.*

Notre féminin est ה, comme dans fort, forte, ou ת, avant voyelle, car ces deux lettres sont partout faibles et féminines. Du reste, excepté l'anglais, l'adjectif se moule sur son nom comme l'habit sur un corps. Point de cas, comme en français.

Notre verbe hébreu s'apprend en deux heures, c'est le radical prenant le pronom avant ou après, et, chose remarquable, c'est que tous les peuples, à peu près, ont le même pronom, modifié et approprié, et que, le pronom connu, on conjugue bientôt les verbes. Ceux-ci n'ont réellement et ne peuvent avoir qu'un type, le radical annexé au pronom. De même les déclinaisons grecques, latines, allemandes n'en ont qu'un ; c'est le radical avec pré, ou plutôt postposition, *is* de *floris* est ריח chald. de, avec, with.

Radicaux vrais du latin.

Lup...., *rosa*, *die*, prenant *o*, *i* et *s*, *ut* λυχος. *Fructus* pour *fructuis*.

Radicaux des verbes.

Pon, *ama*, *doce*, *cap* et *capi*, le primitif קבל, *aud* et *audi* ουτος oreille. Conjuguer *ponere* et appliquer ses désinences.

Les temps.

Fui, *vi*, *ui*, חיתי ; היה, être, י I moi. S ajouté donne *ponsui*, *posui* ; xi, dic—si, *vegsi*, *vexi*, *augsi*, *auxi*, *versatus*, versé ; c'est le ς de τυπσας, τυψας, ayant frappé, *tapé*. Prenons toujours un verbe par son passé, et disons sprach, sprechen ; spoken, speak, פרח *erumpo*. *Fui* est aussi פוח, souffler. *Sum*, *sumus* ; *es*, *estis* ; *est*, *sunt*. C'est יש, esse, חיה, seh, za, a, h, s, souffler, respirer. To be, est bio — פוח ; *ero*, *eram*, de רוח, souffler, vivre. Le présent de *pono*, *ama-o*, *mone-o*, est très-facile. Imparfait *eram*, *ponebam*, très-régulier, pour *poneram*, *amaram*? Du reste רוח, respirer a pu donner *eram* et *ero* tout aussi bien que מוח, *fui* et *amabo*. Le bas peuple a pu dévier de *r* à *b*, *amabo*.

Le reste est un ajustage très-ingénieux, très-logique même, que l'observation aime à étudier et que la mémoire retient facilement. Bonne Muse, vous avez une belle langue que je connais à fonds comme la mienne, et qui fait encore les délices de mes vieux jours. Mais j'ai signalé des réformes, des améliorations, *inde iræ*, j'ai touché au foyer d'hommes qui combattent un peu *pro aris* et *pro focis*.

Je ne suis aucun drapeau en théorie médicale et n'use jamais d'un médecin. Mais j'ai ouï dire à quelques homœopathes de mes amis : L'Allopathe nous rejette parce qu'il lui faudrait beaucoup étudier, beaucoup expérimenter, même sur sa personne.

Pour vulgariser ma nouvelle linguistique et montrer les succès que j'obtiendrais infailliblement, que n'ai-je pas sacrifié, tenté, demandé aux sourds volontaires, dévoré d'insultes et d'affronts ? Ah! chère Muse, votre enfant ne le confierait qu'à vous, et pourquoi ?

Je vous plains, mon cher fils, vous avez le sort des inventeurs, surtout en ce qui n'est pas visible, palpable et ne peut se montrer à l'exposition. Plusieurs appréciateurs vous plaindront aussi et avant et après votre mort.

Après ma mort, ce serait, humainement, bien tard ; mais si j'ai reçu ma récompense au ciel, que me feraient les honneurs un peu insultants de la terre? Quoi ! pour que les hommes nous honorent il faut que nous ayons disparu de la scène, et qu'ils nous voient à l'état de cadavre ! C'est égal, je me félicite de n'avoir pas souillé ma plume, acquis certaine fortune, et surtout l'affreuse célébrité de quelques corrupteurs de la morale publique. J'ai toujours écrit devant et pour Dieu des choses sérieuses que je crois utiles aux hommes. Sans mépriser leurs suffrages, je n'en ferai jamais une condition de mon bonheur. Muse, j'aime passionnément votre langue, mais plus encore l'hébreu, d'une poésie simple et naturelle, libre des règles compliquées, et que le choc des intérêts et la nécessité de la précision imposent aux peuples avancés en civilisation. Dites à vos filles et sœurs d'Italie et d'Espagne que je vais penser à écrire directement et sous ma responsabilité personnelle.

DEUXIÈME ET DERNIÈRE PARTIE.

Le philosophe est le *vir sapiens* qui *sépare* le vrai et le faux, le probable et le certain, le bien et le mal, et qui aime le discernement. Le cultivateur doué de bon sens et honnête peut donc être aussi philosophe que l'académicien: שפר, séparant, famille : sapeur, *sepes*, haie, séparation, *sepio*, entourer. On passe ainsi de l'idée d'isoler son champ à celle de rondeur, enclos, סבב, entourer, sabot (rondeur, en côtoyant, שבר, sabrer, séparer : c'est que ב ֗֗֗ ס ; b═p, צבר, agglomérer, צבאות, amas, armées, univers.

Quant à Phil.... c'est φλογος, φλ, qui termine ou précède bon nombre de mots français, et, si cela continue, sans faire des hybrides, on pourra dire icthiophile, hydrophile, séléniphile, gunophile, et mille autres. Or brûler est consumer, hacher, c'est donc ב, סלח. On peut se donner pour théophile, théosophe, philologue, sans être tout cela, sans bien en connaître la philosophie.

Pour être vraiment *soph, sapiens, sab*, savant, il faut avoir bien étudié son sujet, si on ne veut être que spécial. Si on prétend être philosophe universel, il faut avoir tout étudié, chimie, minéralogie, géologie, sciences naturelles de tout nom, histoire profane et sacrée dans leur littérature, astronomie, théologie, révélation par Moïse, révélation par l'homme-Dieu, l'homme dans ses divers temps, climats, sexes, âges, milieux, et avoir longuement étudié tout cela et cent autres choses avec assez d'esprit, beaucoup de droiture et de bon sens, s'être formé à l'école sévère des mathématiques, à l'école plus libre des arts et des langues.

Donc faire en un livre la philosophie des langues est chose difficile, et se faire comprendre de certains lecteurs superficiels est tout à fait impossible. Les éléments leur manquent, comment faire et embrasser un tout ?

Je fus appelé un jour par une réunion qui prétendait réformer notre orthographe, qui, en effet, pourrait imiter la simplicité italienne et espagnole. — Mais cette société avait un autre but bien plus élevé : réformer tout à peu près dans notre ordre social et religieux. Elle devait encore forger une langue universelle par des procédés chimiques, mathématiques, éclectiques, esthétiques, anthropologiques. C'était ébouriffant pour moi. J'osai pourtant demander individuellement aux constructeurs combien ils connaissaient de langues pour entreprendre cette œuvre colossale. L'exiguïté du bagage et autres considérations m'obligèrent à les laisser dans les charmantes illusions et labeurs de l'enfantement..... d'un rat qui a fait rire. Et ce rat est rentré dans son trou.

C'était pourtant bien simple : pour parler langues et en faire une à l'usage de l'Univers, il faut savoir des langues, profondément et comparativement étudiées dans ce qu'une école de Grèce appelle unité, variété, harmonie. A cette société éphémère que la terre soit légère. Pourra-t-elle se relever ? Non, impossible. On y discuta avec de bruyantes longueries si le langage humain avait une origine divine ou humaine ; quatre séances perdues à cela, je dus m'abstenir de la cinquième, et je dis vainement à ces hommes, d'une poitrine de Stentor, que cette question me paraissait tranchée, parce que ce don de parler était le complément nécessaire de la création humaine intelligente et sociale. On me jeta au visage la pluralité des Autochthones, des enfants de la terre ; on fit des onomatopées, des gesticulations, pantomines et grimaces, des simulacres improvisés de langage phonique, toujours à grand orchestre, et le vieillard, le prêtre, le philosophe, le polyglotte dut, sans hausser les épaules, se retirer dignement.

On veut de tout aujourd'hui, la philosophie de langues, de politique, de religion, des philosophies même. Je laisse cette besogne aux oisifs à courte vue. J'ai commencé par le détail, les vues supérieures et générales me sont venues ensuite. Je dirai donc à tous et à chacun : Avez-vous bien étudié du moins deux langues ? — Je sais le latin. — Moi le latin et le grec. — Moi de plus l'allemand et l'anglais. — Moi je connais huit langues. — Bien, dirai-je, nous ferons de la philosophie glottique comme 2, 3, 5 et 9 ; mais avez-vous étudié dans chacun des éléments, leurs rapports, leur unité, variété et harmonie ? De plus, vous êtes-vous élevé jusqu'aux sources, jusqu'aux idées, pensées, à leurs images optiques et acoustiques ? avez-vous travaillé comme la fourmi ou comme l'abeille ? êtes-vous architecte ou taille-pierre ? Tout tapoteur au piano peut exécuter Beethoven quant aux notes, broder des accords, même irréprochables en principes ; bien plus, il composera méthodiquement, comme un mathémati-musicien que j'ai connu. Hélas, ses œuvres sont descendues même avant lui dans la tombe.

Etudions sur les langues la philosophie des langues ; non-seulement nous les entendrons bien, mais nous pourrons préparer les éléments d'une langue universelle, œuvre d'un siècle au moins, qui en demande plusieurs pour pénétrer toutes les couches sociales depuis les seigneurs des cités jusqu'à l'humble habitant des campagnes ; n'étaient l'orgueil individuel, national, l'ignorance routinière et prévenue, la langue universelle irait plus vite. A l'industrie, au commerce de hâter une œuvre qui ne peut sortir des officines officielles. Le généreux M. Barbier, fabricant de Clermont, a commencé.

Donc je rentre dans le vif des langues et je vais esquisser la vie citadine après celle des champs.

Toute ville jadis était murée. Ville est πόλις, fam. *populus*, πόλυ, pulluler, poulie, boule, boulet, foule ; symbole, cercle. חול, aussi *villa*, rond, tordre, se tordre, espérer, et nous touchons à tous les gal, cal, gole, col rond, *vallum*, rempart, boulevard (cercle de garde, garten, car g═w). Guillaume═William.

Mur de μειρω séparer, il sépare et entoure, *mœnia*, murs de guerre, de מנע, *prohibeo*, c'est munir, munition.

Le pont-levis s'abaisse, passons, pont est donc passage, levé, אל, על, *altus, levare*. La porte s'ouvre, פער, pore, port, porte, *aperio*, πειρω, percer, sonder, *experior*, *per* par *per urbem*, car per est actif. Toute préposition est un verbe abrégé : *super*, sur, עבר en montant, uber ; κατω, חתה en creusant, descendant, *ut grave*, ד et קרב, crever ; de, ex, מן, εξω, חרץ, aus, out, απο, *ab*, à, מן, marquent séparation, éloignement,

sortie, départ; au contraire, *ad* vers, à, אתה, עדה, *vado, vadum, vadis.*
Près, *prope, juxta,* קרב, על, ל, נגד, de verbes heurter, toucher, rencontrer, נגע, percer ou seulement heurter, *necare,* νεκρος, נהג, conduire,
approcher, d'où *ago,* manége, near, près de, et nous établirons cette loi
de grammaire générale et philosophie des langues :

Toute préposition, ou mieux interposition, est un verbe abrégé qui
marque le rapport de deux idées ou choses : Livre est sur, sous, devant, dans, derrière, près la Table.

Nous établirons que toute conjonction est un rapport condensé emprunté souvent à l'interposition, donc encore au verbe. Or, tous les adjectifs, noms, adverbes, etc., sont aussi empruntés au verbe. D'où il suit
que le Verbe, signe d'un acte, a tout produit. Aussi Verbe, λογος, est
le nom auguste et très-vrai du divin créateur du monde chrétien : *Deus
erat Verbum ; omnia per ipsum facta sunt, et sine ipso factum est nihil.*

> *Exemple :* Homme est mortel.　　　$h = m.$
> Napoléon est homme.　　　$n = h.$
> Napoléon est mortel.　　　$n = m.$

Mettez en avant or et donc, c'est le syllogisme. Or, c'est là toute la
logique. Pourtant on sait l'obscurcir et la renfler jusqu'aux proportions
d'un volume et de trois mois d'enseignement. En quels vers barbares
on a écrit ses lois si simples ! Ex-professeur de philosophie universel-
selle, j'ai toujours traité ainsi mathématiquement le syllogisme au tableau. Qu'on enseigne tout au tableau, même les choses spirituelles, par
des symboles et des lettres, *a, b, c.*

J'ai rencontré dans mon enseignement philologique un esprit supérieur
jusqu'au génie. Les conjonctions grecques surtout, faisaient ses délices.
C'est, disait-il, en miniature l'expression elliptique des rapports, non-
seulement des idées simples comme dans les prépositions, mais des pensées les plus vastes et les plus complexes.

Entrons dans notre cité, קוה, réunir, *civitas,* de קרה, *congruo,*
convenir. Sa porte est entrée ou sortie, *exitus, ostium,* יצא, sortir, une
pore, porte, *pertuis,* un trou, חתר, θυρα, thur, door, laquelle porte est ap-
puyée (*applico*), consolidée par des barres, בריח, broche, verrou, *veru*
ou *vectes,* broches, bâtons, *ad vehendum,* véhicule, *vectura,* voiture, va-
gon, *vexi* pour *vegsi.* Chaîne, *catena,* כתר, tunique, coton, cadre, un entourage rond ou carré ; *hortus,* garder, guérite, *caterva.*

Une rue ou route s'ouvre, *via, vicus,* בוא, הלך ; nous marchons, ארך,
allonger, entre, חתר, maisons, *mansiones,* בית, id. pour בנות, construc-

tions, sur trottoirs, רוץ, courir, rosse, route, *rota*, *rheda*, chaise (coussin) de poste, ou sur pavé, פגע, παιω, frapper, condenser, παχυς, *pugnus*, *pix*, πισσα, pour πιγσα, poix, épisser une corde, *pinguis*, *pig*, porc, πηγω, *pango*, toucher instr. Voilà un square, *quadratum forum*, ou une bifurcation, פרק, un *bivium*, *trivium*; un bassin, βαθυς, vase avec Neptune, napées, נוב,ק, couler, *nubes*, naphte; Nérée, נהר, cours d'eau, naïades, nymphes, *nare*, ναυς, *navis*. Voilà en εν, הן, des nappes d'eau, cascades, *s* pour éviter cacades, de *cado*, חתת, חחת, κατω. Quels beaux marbres, כאלה, *ut illa*, beaux, פלא, marbres, מרא, *mirus*, brillant, admirer. Quelles eaux fraîches, *frigidæ*, *frigus*, briseur, fracture, et limpides! לפת, λαμπας, לאב, briller, brûler, lieben, love, lave, *albus*, לבן, Liban, blanc, albâtre, puis אפה, אבה, אהב, יאב, *aveo*, *opto*, απτω, allumer, *offa*. Lisez ces mots comparés dans mon *Dictionnaire hébreu*, vous verrez gradués ces états brûler, briller, aimer plus ou moins, vouloir, et finissez par *libido*, caprice.

Si vous me demandez la philosophie des langues sans avoir étudié chez vous les amours et les haines, les bonnes et les mauvaises passions, l'espérance, la crainte, le soupçon et la confiance, la joie et la tristesse, l'expansion de l'âme et ses contractions, ses angoisses, ses dégoûts jusqu'à la satiété de la vie et au désespoir, nous entrons ici dans un monde impalpable, spirituel, intellectuel, moral, insaisissable directement, objectivement, quoique perceptible à l'âme. Ses mouvements innombrables, transitions, nuances, variations lentes ou subites, tous ces groupes de sentiments, ces harmonies ou incohérences et luttes, revirements, passages, fluctuations, tout cela demanderait une langue immense, incréable, inintelligible aux âmes vulgaires. Après avoir contemplé au ciel Dieu dans sa majesté, Isaïe et saint Paul revenus sur la terre se contentent de nous dire que nous ne voyons ni entendons rien ici-bas de ce qu'ils ont vu, qu'il est impossible à nos langues de le rendre, et ils auraient pu ajouter impossible à nos âmes épaisses et charnelles de s'élever et de s'expandre jusque-là.

Autre chose l'esprit et le génie des langues, autre leur mécanisme et la grammaire, comme autre le compositeur en musique, autre l'exécutant qui n'a que des lèvres et des doigts. Le Poëte, l'Orateur de génie et de cœur, voit son sujet, l'embrasse, le sent tout entier, la langue vient d'elle-même peindre; c'est plus qu'un rayon en photographie, plus qu'un orgue sous la main du plus habile maître, car ses formules pourraient varier à l'infini, sans qu'on pût l'accuser de violer les lois de l'harmonie dans le monde si vague de sons et de tons, tandis qu'il faut compter avec la précision des langues.

Enfin nous voilà dans la cité, קוּרִית, *civitas*, dans la vie citoyenne, politique, cultivée ou devant l'être, scène, שֵׁכֶן, théâtre, θεσμαι, théorie, רָאָה, de la vie la plus complexe et tourmentée.

Je vois dés statuës, שִׁית, poser, placer, *statuo, constituo*, constitution, stable, station, ἰστημι, θεω, thême, littéralement *propositum*, non une version. Que le maître donne des thèmes simples, pris dans la nature, dès le commencement il apprendra à penser, composer, écrire. Exemple : Paul a trouvé un nid où il y avait cinq jolis œufs. Mais épargnez-lui la morale par trop métaphysique du *Selectœ e profanis*. Le petit enfant dira comme l'hébreu : J'ai trouvé un nid que était, étaient cinq œufs là, ou dedans.

Les piliers en marbre, les colonnes, pyramides, obélisques se dressent, s'élancent. Pilon, piler, פִלֹי, pilastre, pile. Colonne, *columna*, colonnades, עָלִין, gaule, *caulis*, colline touchent à כלא, כוּן, κυκλος, גלל, galet, calotte, source de rondeur, car colonne est haute et ronde, non la pyramide à faces planes; πριω; fendre, prisme (à face ou facettes, פרר, פרק ; obélisque, οβελος, javelot (*jaculum*, flèche), פלג, *plagare*, פלה, fendre, car elle fend les airs, חלת, vole, laufe, puis fend les chairs et os. Le panople est παν, οπλον, toute arme et armure, οπλα, armes est פל, *pilum*, βαλλω, παλλω, יבל, avec ה, faire, d'où Pallas.

Eglise est rendez-vous des convoqués, קיל, קהל, *clamor, clango, langueo*, par affaiblissement, puis ק tombant, llamare, *esp.*, יבל, *ululo*, ילד, gémir, enfanter, lady, *indoles*, hurler, clock, clocher, mais clocher *titubo est claudicare*. Qui cloche ne doit monter à haut clocher, *titubo* touche à tomber, טבע, ou βαθυς.

Nous voyons à l'étalage d'un charcutier des chairs coupées, hachées, *to cut*, couper, קטל, tailler, *occido*, κτεινω, *macto*. Ici ce sont les dorcades, דרך, τρεχω, courir, *rotare*, d'où τροχλ, τροχ, treuil, cou. Chamois, habitant des *cimes, sommets*, שטים, שמות, bouquetins, petits boucs, באש puer, *buxus, buis puant ;* faisans, φσι, φασις, *pao, pavo*, paon.

Ici ce sont des poissons, דגת, ἰχθυς, דקר, fouir (pêcher, fouiller), thon, תנין, de נתן, étendre, saumon, צלח, *salio, ruo*, coureur ; carpes à écailles, carapaces, כפר, couvrir, c'est son poil, sa plume ; truite coureuse, trotteuse, חרוץ רוץ, elle trotte vite, haut et bien. Allez les voir au pied des glaciers alpestres. Anguille, חקר, creuser, *acus*, aiguille, *unguis, anguis*. Cabillot à grosse tête, cabu, cabage, caboche, clou du fer à cheval. Homard, כבר, rouge, après cuisson. Ecrevisse, fam. griffe, γραφω, greffer, *scribo*, schreiben, aux pinces crochues et carnivores. Huître, la dure, testacée, צרר, serrer, στερος, dur, improductif ; צור, serrer jusqu'à déchirer, serres des oiseaux carnassiers (*esse*, manger, צרך, nécessité, détresse, *stringo*, étreindre, צִיר, fort, arx, צִיּוֹן, Sion) *castellum*, Tyr, tyrse, caducée, enlacement, trousse, torse, strict, *stragula, strigil, stercus*, sterck, drèche, drucken, et quelques mots mal sonnants allemands et anglais. C'est le résidu des baies que vous pressez dans un linge pour faire vos confitures, c'est, bref, un sale résidu que je ne nomme pas. Dans mon Dictionnaire, vous trouverez cela et bien autres choses que j'habille le plus proprement possible. Conchyliologie (coquille, coque est écaille, כלא, escal., חֻר, חוּק, חקר, creux et rond.

Du reste, pour épuiser mon sujet, il me faudrait parcourir les mers et les fleuves, redire les noms scientifiques et populaires. Assez de cela.

J'entre, non dans un magnifique hôtel, où l'on n'apprend rien, mais chez un brave bourgeois ; je l'interroge sur les mœurs, c'est-à-dire sur ce qui caractérise cette cité en tout. *Mores* de מור, changer, et μειρω, distinguer.

Il se plaint de l'*impositum*, tribut foncier, et du vectigal, impôt de, de, sur et sur; de *vego, veho, vegsi, vexi, vegtum, vectum.* Jadis taille, la part que chacun doit verser au trésor public, tribut de τριβω, טרח, répartir, distribuer. La guerre, גרר, גרע, gruger, rogner, ranger, warr gvar. — Oui, elle ronge, gruge hommes, argent, dépeuple, ravage, — la nôtre surtout, et cela que nous soyons vainqueurs פגע, ou battus מצר, ב. Tenez, on s'émeut (émeute, on veut paix, *placare, pacare*, faire placide, *ut mare post tempestatem;* plaque, plaquer, planche, פלח). Liberté, *librare, vibro, libra,* balance, livre, poids, יבל, descendre, osciller, שקל, sicle, poids, balance. Le poids du despote dans un plateau empêche l'oscillation, le jeu normal. Alors plus d'équilibre, adieu la liberté. Un bon gouvernement constitutionnel évite la prépondérance, et il y a liberté pour l'autorité, liberté pour les citoyens, liberté et salut pour tous. Je crois que la France de 1862 a résolu le problème, et que la Chine même nous imitera. Puisse l'école philologique française améliorée présenter le modèle. Mais Chinois et Français ont besoin de temps pour arriver là ; il faut résolûment se mettre à abattre les vieilles murailles.

Qu'est-ce que j'entends là? c'est mon premier moniteur qui vient me rappeler à l'ordre. — Encore des digressions extra-linguistiques! Votre sujet donc, les langues, rien que les langues.—Mais, mon ange ou démon, j'y suis toujours; rompant un instant la monotonie, semant quelques fleurs pour quelques élèves, me reposant dans l'oasis du désert.—A l'ordre. — J'y reviens.

Mon hôte me fit de la politique étroite, boiteuse, à son seul point de vue, abstraction faite du reste du monde, employant quelques grands mots : oligarchie, aristocratie, solidarité, fraternité, plébécule, polygamie

pour polyarchie, estropiant des omophones tantôt par la tête, tantôt par
la queue, et je pus savoir enfin qu'il y avait là des échevins capitaines,
chefs, cap, כֵּן כֹּת, גב, גבר, qu'il y avait deux chambres, haute et basse, *ca-
mera*, voûte; cucumer, co ou concombre, cambré, camus, עמר, *corymbe*,
חסר, réunir. Des octrois, *auctoriser* et *augere*, un fisc municipal, ך, חרת,
saisir et retenir, confisquer; en latin *publicare*, faire choses publiques.

Je demandai à mon homme l'histoire du pays, יצר, arranger, façon-
ner, ιστωρ, historien. — Rien à peu près. — Quelle langue parlaient vos
ancêtres? D'où venaient-ils, car la polyautochtonie est un rêve? Point de
réponse.

J'allai trouver le savant et aimable bibliothécaire (βιβλον, *liber*, livre
et τιθημι, poser, שית, placer. Ce κα est forme grecque). J'ai beaucoup écrit et j'écris encore sur la linguistique. — Je connais votre nom
et voici vos œuvres. Nous avons une société archéologique αρχη, ראש,
donnez-nous une séance. Rien d'aussi archéologique que les langues anciennes.—L'archéologue ne s'en occupe pas.—Oh! si j'avais une médaille,
une inscription facile, un pan de la culotte de Dagobert, un débris de
lacrymatoire ou de poterie romaine, une petite rectification de chrono-
logie, χρονος, ארך, étendu, j'y penserais peut-être. Mais l'archéologie a
toujours fait fi de mon vieil hébreu, fi de moi. Hé bien, qu'elle continue
ses fouilles et moi ma langue. Fi, pouah, פוה, voilà du bon populaire,
souffler, chasser, נדד, ידד, lancer, chasser, repousser, autre radical ho-
mologue (ayant même sens), très-bon aussi, חרץ, foras, dehors, ont donné
cent mots à toutes les langues, aus, out, *odisse, odium*, hideux, *nothus*,
un vilain bâtard expulsé, not, nothing, nichts, nauséabond, ou νκυς,
nausée, mal de mer ; εχθ, *hostis*, étranger et ennemi, car ces deux mots
se confondent, hos-pes, étranger, ישב, demeurant un temps, hospice,
hospitiolum, hôpital, et nous touchons aux קיץ, קצר, épine, ronces, has-
sen haïr, *castanea*, nux, noix entourée d'aiguillons, *aculeata*, châtaigne,
castor, catsor, coupeur, *castrare, castra*, casser.

Mon hospes me revit au soir. Je lui fis cent questions. Tenez, Monsieur,
me dit-il, je me mets à votre disposition, allons aux fabriques, à l'arsenal ; je vous ferai recevoir partout.

Fabrique de soieries. Voilà des mûriers, מערה, caverne, donc noirceur,
ténèbres, mûre, fruit noir, *ut ater*, noir et חתר, creux, *uterus*, profond,
cavité, *Maure*, homme noir, *Mauritanie, ut* לביא, lion et Lybie, *Europa*,
où les sources et eaux abondent, רעץ (roupie en vient). Maître, vous
nommez ceci un ver, et celui-ci plus développé, *bombex*, — pourquoi?—Mille bombes! pourquoi? parce que quand tous ces gaillards
(גיל) sont devenus papillons, בלל, παλλω, *agiter*, *papilio*, pavillon, ils

font un tintamarre de tous les di..... Ce sont autant de bombes, pompes
à bruit infernal. — et après? — Ils se fécondent, jettent leurs œufs (*ova*,
חיח fétus), leurs graines, גרון, que nous ramassons pour les faire éclore
(*ex-cludere*) ; alors ils filent (סלל, *pilus*, fil) leurs cocons (חוג, coque,
חרק), que nous dévidons (vider une bobèche), et puis nous vendons cela
au voisin, qui fabrique les soieries. Mon cicerone continua.

Là nous allons admirer unes des belles industries chinoise et française.
Mais les canuts, teinturiers, blanchisseurs, tordeurs, tisseurs, m'assour-
dirent de mots et termes nouveaux pour moi et que j'entendais pourtant
à peu près, grâce à ma puissance étymologique. *Quibam*, je pouvais,
כוח, בה et j'arrivais, *ad ripam veniebam ;* soie est *seta*, poil donné à
la soie, et aussi, *serie, setosus, porcus*, porc aux longs et durs poils.

Les couleurs, blanches, fulg., alb.; noire, *niger*, נקר, creusé, profond,
bleue, blonde, fulg. ; rouge, *ruber*, חרב, *ardens, ferv. ;* fauve, fulv.,
fulg., *flavus et fulvus* ; azur, זרח, resplendir ; jaune, חן, יחן, gracieux,
jeune, *Johannes, John* (djôn, Vénus, Junon); voyez les fleurs jaunes émail-
lant nos vertes prairies et demandez aux Chinois, passionnés pour cette
belle couleur de la chrysanthée et de l'or; verte, verdure, *ver*, printemps, ירק, verdure, *vireo*, puis *vigeo, vir*, homme vert ; violet, הלל,
briller, hyalin, σελήνη, lune, sol, violette, oranger, couleur or. Voilà
l'Iris, אור, violet, indigo, bleu, vert, jaune, oranger, rouge.

Cet arc charmant n'a pas seulement sept couleurs, mais mille passages,
nuances, majeur, mineur, bémols, comas, et j'abandonne ces nomenclatures aux teinturiers, aux peintres, aux musiciens, aux artistes et même
aux savants.

Le peuple part d'un petit nombre de phénomènes et d'actes bien
connus de tous pour agrandir sa langue. En couleurs, c'est le feu, קלה,
brûler, *calor et color*, puis *lux, luceo,* λευκος, blanc, *cœruleus*, couleur
ciel. Voyez en hiver une souche qui vous donne toutes les couleurs.
La chaux sera pierre brûlée et blanche ; le fer, broyeur, coupeur ; le plomb,
terne, couleur terre, sombre, par opposition à l'or, etc.

Le peuple et le marin créent d'excellents termes, nomment bien. Ce
coquin, dira-t-il, mange, dévore, démolit, ruine, absorbe, engloutit tout
le monde; il a un cœur de fer, les ruses du renard, la férocité de l'ours;
son malheureux voisin est un mouton, une colombe; cet autre est un
bœuf, un porc, un chou, planté là, qui se nourrit bien et chasse tout
souci. Il aura vécu et mourra bête et plante.

Le peuple impose ses belles images et ses travaux : on ourdit un discours, c'est l'exorde ; on tisse, on remplit avec logique ou verbiage, on
coupe quand la pièce est finie, c'est la péroraison ; disons apocope, cette

bienheureuse fin oratoire si souvent désirée dans les bâillements étouffés et la somnolence.

Mon moniteur, ange ou démon, d'accord avec mon cicerone, m'arrête et m'avertit que mes lecteurs en feront tout autant, car je leur ai promis la philosophie des langues et je n'ai encore rien formulé. — Mais je la fais dans tout ce que je dis, et avec bon sens et clarté. Lumière, vie, fruit, surtout de la lecture de mes ouvrages ; voilà ma devise, mon but. J'avoue même qu'écrivant d'inspiration, sans me relire ni corriger, sans livres, sans souci de profit ni de gloire, je crains qu'il n'échappe quelque chose à ma vieille mémoire ; mais la vérité de l'ensemble devra faire pardonner l'incorrection dans les détails.

L'arsenal me montre des engins de destruction (*ingeniosæ*), des machines de guerre, *machina belli*, כון, קנן, ajuster et mâcher, to maker, mâcher, חקק ; fusils, pistolets, פוץ, éclater, fusion, poste, *sponte*, σπουδαζω, se hâter, fest-ino, festin, fête, une jubilation, יבל, primitive avec gestes, danses, pantomimes (πας ομοιος), pist, vîte ; baïonnettes ou de Baïonne (baie-town), ou בקר, piquer, pique ; carabine, קרב, *corbis*, carafe, de sa largeur et profondeur, grapins, חרף, *carpo*, *carpet*, אגרות, poing ; haches, חק ; les anciens avaient corbeaux, *corvi*, scorpions, חרף, nous avons grue, main de fer, chien au fusil, coq ḥaḥn pour can, cano ; baliste, βαλλω, lancer, catapulte, *vinea*, *testudo ;* tout cela est justement et poétiquement nommé. Bombe est impayable, des בעה, בוע, פעם, buas, פעה, bouillir, gronder, siffler, *bombex*, bombe est le bis des pô, bô. Boho est ébullition ; poudre, *puluis*, פלל, atténuer, broyer, piler ; cartouche, poudre mise en *charta*, *carta*, כרת, gargousse, כר, גור, rondeur, cuir, et gousse, כסה, case, gousset ; mais gargouille, gargariser, rappellent à la fois גרון, gosier, gorge, et קרא, crier ; sabre, שבר, ברה, בון, fendre, couper ; épée piquante, pungo, spica, epi, pique, פער, quasi pgor ; lance, שלח, lancer et חלק, לקק, lacérer ; mortier, meurtrir, briser ; puis un mortier de guerre ; *martis*, marteau, רצח, רצע, tuer, massacrer ; giberne, caverne, קבר, cave, נקבה, avec n passif, *cavata*, *perforata*, γυνη, et זכר, opposé, est דקר ; arquebuse, arc, et פוץ, qui a précédé le fusil. La ballistique se modifie.

Chez moi je rentrai triste et déplorai l'art infernal de tuer les hommes. La venaison était nécessaire au premier temps, φονος, meurtre, *venenum ;* mais paix enfin aux hommes ! Quittant les domaines de la matière, j'allai aux cours publics, aux temples, au barreau ; j'assistai aux luttes de l'intelligence, et m'élançai aux sphères célestes. *Luctari*, lucter, est le חלק, להק, לחק, *lacero, lacesso*, harceler, *lacnio, lanio*, lanière, lécher rudement, לקח, détacher, prendre, *lego*, cueillir, et *laqueus*, filet, lacet, lac, λύγω, *ligo*, חלץ, dépouilles, *expeditus*, *leste*, joyeux, *lœtus*, *alauda*, alouette; mais lest d'un vaisseau est לחץ, opprimer.

Tous ces maîtres, מג, mage, ag, haut, et חקר, creuser, דקר, et dencken, approfondir, penser, חכם, *sapiens* (car orateur *oris*, קרא et קור, creux) avaient pesé, pensé (*pondus*, *pendeo*, même *pendo*), payer, poids de travail pour poids équivalent d'argent; חשב, penser, de חרב, creuser, tailler, *ut nos*, besogne taillée ; ils avaient donc taillé, assemblé idées et pensées.

Avant que de parler apprenez à penser.

Soyez vrai, σοφος, séparateur, *discretor* ; revêtez le tout d'images, d'une diction poétique, et vous serez orateur, plus poëte que bien des rimeurs ; associez enfin tous ces membres épars, soufflez sur eux votre souffle de vie, חיים. רוח; voilà l'orateur, le professeur, l'écrivain qui plaira toujours au peuple. Mais comment, avec les branches mortes, ramassées dans les classes et la mémoire, faire autre chose que des fagots (*fasciculi*, חזק), ornés au plus de rubans achetés ou volés? Quiconque a médité et s'est assimilé chaque élément d'une langue la parlera avec une correction vive et fleurie, aura son style à lui, inimitable, son noble blason.

Je vis (*vidi*) dans ce monde intellectuel, moral, scientifique, politique, religieux, mille sphères qui se projetaient, s'entre-croisaient, se heurtaient, s'associaient; rien ne me paraissait isolé, tout avait sa forme, ses lois, sa raison d'être ; c'était plus équilibré que le monde mécanique, plus large et complexe que les plus vastes harmonies musicales, et je me disais : Comment les sons articulés et si restreints de toutes les langues pourront-ils rendre tous ces jeux de passions, de sentiments, de pensées qui s'agitent dans l'âme de chacun et de tous? Ils le font pourtant.

Eh bien, les langues ont lutté avec gloire. On est venu à penser la parole, à parler la pensée.

Des preuves de détail d'abord, du bon sens, de la clarté, ce n'est pas ce que plusieurs vous demanderont. Gâtés par des érudits qui étalent l'histoire des peuples, leurs émigrations, quelques inscriptions, même cunéiformes, les ruines de ceci, de cela, des langues qu'ils ne savent guère, le tout en périodes à grand orchestre, en style pompeux, miribolant, résonnant d'autant plus qu'il est creux et vide.—Vos lecteurs veulent des divisions, des principes et des conséquences, des titres et chapitres, des formules enfin. Vous taillez encore vos pierres, ils vous demandent un plan, un édifice.—Est-ce pour s'y abriter, l'habiter, en visiter tous les enseignements, apprendre leur langue d'abord, pour la savoir mieux, puis en étudier d'autres? — Franchement, je crois qu'il y a chez ces lecteurs plus de curiosité que de désir de s'instruire.—Eh bien, je leur donnerai satisfaction. Je planerai, je méthodierai, s'il est permis, je m'élèverai avec mon œuvre jusqu'aux grandes proportions, mais jamais jusqu'aux nues. Tour de Babel, Phaéton, aérostats à l'esprit-de-vin, brûlés avec leurs hommes, tout cela m'effraie. Je promets pourtant de formuler, non pourtant au flambeau de l'histoire ancienne, mais à celui du bon sens des peuples manifesté dans leur langage.—Continuons sans divagation. —C'est blessant! Je continue.

Nous allâmes, mon hôte et moi, chez un fondeur de métaux ; nous vîmes ses fourneaux, forges, πυρ, *furor*, les soufflets énormes, *folles*, pelles, outres-pleins de vent et conflant, gonflent, soufflent les matières. Cyclopes, qui ont un grand œil circulaire, כלא, bis, גלל, rondeur ; charbon, חרב, forme, פרם, *primo*, *imprimo* ; expr., μορφη, métamorphoser. C'est là que l'on sent que le feu, ce terrible élément, est bien nommé destructeur, בער, buro, πυρ, פרק, *frango*. Le métal taillé, קטל, est blanc ou ne décompose pas le אור, *lux* ; le noir absorbe tous les rayons du spectre solaire. Donc l'un et l'autre ne sont point une vraie couleur.

Nous avions enfin à voir l'arsenal, mot arabe-hébreu : חצר, ק—י gaza, *thesaurus*, צור, serrer, renfermer. C'est donc un magasin, אוצר. Là, nitre, *nitere*, briller, *nitidus*, pur, net, נצח, נצץ, mot charmant ; יתר aussi brillant, d'où éther, salpêtre, sel de pierre, il abonde là. Aujourd'hui azotate de potasse, obtenu en pots, ou de soude, obtenu par dissolution et dessiccation. Là soufre, גפרית, אל, salgafr., sulphur. Cette fin consonne bien avec פור, fur.

Les moulins טחלל, broyer, *molere*, mouler (place prise), moudre enfin, pour différencier. Il en est ainsi souvent. *Volo*, je vole ; *volis*, tu voles, etc., nous volons peut-être, nous planons en l'air ou nous dérobons, *furamur*. Que serait-ce si nous avions encore volons au lieu de voulons? Il faut tenir compte de toutes ces nécessités en étymologie, αιθυμος, עצם, ferme, vrai, solide ; os, lui-même, *idem*, *quidem*, same, en angl., le même (en chair et en os οστεον).

Projecteurs, canons et projectiles, ut *tela*, traits, τελη, *arma*, armures, de αρω, ajuster. On s'ajustait casque, cuirasse, bouclier, cuissards. On bardait même les chevaux ! Braves chevaliers, venez voir les nôtres. Canon, קנה, roseau, le droit, קנן, ajuster, nid, כן, תכן, technie, art, droit, science. Ecole pani ou pantotechnique serait celle où l'on enseignerait tout : *concinni capilli*, cheveux soignés.

Ici mon démon m'interrompit. — Nous donnes-tu la philosophie des langues ? Dis-le nettement et commence à établir didactiquement, catégoriquement tes grands principes. Puis parle des races sémitiques, carcassiennes, chamiques, japhétiques. Pose tes jalons dans la philosophie, l'anthropologie, l'ethnologie, l'histoire ; fais mille citations à l'appui ; flatte par le coloris du style et la rondeur des périodes ; laisse toute liberté d'éclectisme, de pensée, de scepticisme, tu pourras avoir le prix Volney et bien plus encore.

Pardon, Muse : je suis muse aussi dans ma sphère d'élection. Oui, je suis סוסר, *eruditor*, maître en pédagogie philologique, mais dévoué, désintéressé, plane, clair, utile à la jeunesse et au peuple. Octogénaire, je prépare les matériaux pour d'habiles architectes que Dieu donnera après moi ; pauvre maçon, je bâtis solidement des cabanes isolées dont on fera un palais ; je bâtis et même je sème et plante des glands et des chênes. Mais on rira de moi si je laisse mon marteau et ma truelle pour essayer de faire plus qu'un Louvre, plus que Saint-Pierre de Rome. — Je te dis adieu. — Oh non, daigne m'inspirer, je vais écrire enfin, crayonner, balbutier la philosophie des langues. — Bien, mais sans hébreu, ni grec, ni..... ni aucune de mes chères langues, auxquelles pourtant j'avais promis d'initier. Puisqu'on le veut et que c'est l'usage, sans citations textuelles, sans aucune langue particulière. Je vais faire la philosophie générale ; mais je crains bien qu'après avoir lu ces vues générales, la plupart de mes lecteurs ne continuent de disserter prétentieusement sur toutes les langues en général, sans en apprendre aucune en particulier. Mais c'est ce qu'on veut.

PHILOSOPHIE DES LANGUES PURES DE LANGUES.

ORIGINE DU LANGAGE.

Il me faut donc *supersedere*, m'asseoir sur mon coussin de langues, emboucher la trompette, crier en termes pompeux : O vous qui aimez la spéculation, la théorie, ou vue générale sans application spéciale, ouvrez les yeux et les oreilles pour voir leurs magnifiques tableaux, admirer leurs diamants, entendre leur orgue, leurs mélodies, symphonies ; assister à leur naissance, adolescence, âge mûr ; voir cet arbre étendre ses rameaux avec les peuples, les abriter depuis le Hottentot, le cannibale, le Chinois, jusqu'aux deux grands peuples anciens, les Grecs et les Romains, jusqu'aux deux grands peuples modernes, ceux de France et d'Angleterre.

Et vous, studieux lecteurs, par une haute étude générale, préparez-vous à mieux connaître votre propre langue, et à vous initier à d'autres selon vos besoins.

Si Dieu n'avait pas créé l'homme sociable, multiple, intelligent, en deux moitiés, sentant la nécessité physique et morale de communiquer ce qu'il sent de besoins en son corps et en son âme, s'il ne devait élever ses enfants qu'à la manière de la brute, ou si du moins, avec son intelligence si bornée, il eût pu improviser une langue; si quelques modernes créateurs de langues avaient existé, si enfin moi qui, en soulevant le voile derrière lequel se cache le mystérieux mécanisme du langage humain, moi qui, après avoir fait table rase, ai vainement essayé d'en créer un, même pour les usages les plus communs d'une seule famille, si ce n'était en moi une conviction profonde, inébranlable, que Dieu a donné au premier couple une langue toute faite, comme complément et couronnement d'une création intelligente et sociale, je parcourrais avec vous les aberrations de quelques rationalistes qui présentent les chefs de races sortant de leur terre, créant leur langue sans rapport avec aucune autre, et ne torturent ainsi le bon sens comme la vérité historique, que pour détrôner le Dieu de la révélation, que pour mettre à sa place un grand Lamma, qui est le hasard, la raison, moins encore, eux-mêmes, déifiés de leurs propres mains.

Messieurs, permettez que je foule d'un pied dédaigneux des doctrines et des hommes si absurdes, pour aller plus loin avec vous, monter plus haut dans les régions de la lumière, de la science et la vie. Là-bas c'est l'Averne, le Styx, le séjour des ombres :

Umbrarum hic locus est.

La langue si riche d'Adam innocent a-t-elle, par sa chute subi des atteintes ? Oh, oui, assurément, puisque les ténèbres, les défaillances, l'ignorance, la corruption l'ont atteint en lui-même pendant que la terre et le ciel, le relief de la terre, les plantes, les animaux, étaient frappés, pendant que tout son domaine et ses milieux subissaient tant d'altérations, et que la tombe s'ouvrait sous ses pas.

Tels sont en intelligence les individus et les peuples, telle est leur langue ; la mesure du développement intellectuel est celle des richesses de leur parole. Quand j'étais enfant, dit saint Paul, je parlais comme un enfant. Voyez comme au souffle de la concurrence et de la liberté, disons aussi de la science, le style, la langue, c'est l'homme, et cette collection qu'on appelle peuple. Ainsi, Rome possédait une langue si belle, si riche, si oratoire et poétique, qu'elle l'imposa au monde moins par la force de ses armes que par les charmes et la vigueur de sa littérature. Changez les noms, et vous penserez que je parle aussi de la France.

A Rome l'honneur premier, à nous le second, puisque nous lui devons notre langue et notre littérature, qui pâliront par le romanesque si nous cessons de cultiver sa parole et ses modèles, si notre littérature ne se retrempe pas dans celle des vieux Romains, libres aussi dans leurs débats politiques, fiers aussi de leur gloire militaire, mais impuissants, par leurs siècles d'ignorance, à nous disputer les plus belles palmes du génie, des sciences et des arts les plus utiles dans la vie.

J'ai assez dit de l'origine humaine ou divine du langage, car si, même par impossible, l'homme l'a créé, qui lui en a donné la pensée, les moyens, la réalisation de ce besoin? C'est Dieu : à Dieu donc toute gloire.

It is one Almighty of whom all proceed and up to him return if not deprived ; tout vient de lui, que tout remonte vers lui. Point de controverse oiseuse et sans fruits.

DÉGRADATION ET DISPERSION DE LA LANGUE PRIMITIVE.

Le malheur de la chute proto paternelle en entraîna bien d'autres pour nous. Malgré les progrès de la perversité humaine, la piété constante de Seth et de Noé avait conservé assez bien, dans l'unité du moins, les restes magnifiques de la langue d'Adam dans l'Eden.

On sait quel coup lui fut porté à Babel. Une question oiseuse et insoluble se présente : Tous les fils furent-ils rompus à la dispersion, tous les rameaux brisés? ou admettrons-nous que le texte n'entend parler que de l'accord primitif, puis de dissentiment dans les insensés constructeurs, qui n'eurent plus l'unité de plan? C'est torturer les mots, fausser le texte.

Autre question subsidiaire. Cette confusion infligée fut-elle locale, personnelle, dans le but unique de les séparer et de ne pas avoir là une exubérance, et ailleurs atrophie, rareté, absence d'habitants ; était-ce une dispersion providentielle? L'affirmative la plus orthodoxe admet tout cela dans de justes proportions.

Toujours est-il d'une vérité historique plus que dogmatique, que de ce moment les hommes, n'ayant plus de réunions, commencèrent à parler diversement, ce qui pourrait encore s'expliquer sans l'intervention divine.

Car pour qu'une langue subsiste paternelle et pure chez un peuple, il faut de toute nécessité qu'il ait des assemblées politiques ou religieuses. Est-ce que les Grecs n'avaient pas leurs assemblées olympiques et autres, leurs temples, leur forum, leur culte avec sa mythologie? N'en pourrais-je pas dire autant des Romains, et surtout des Juifs, qui avaient l'unité de foi, de culte, de cérémonies religieuses, de temple et sacerdoce, du livre divin qui contenait leur histoire avec le dogme, le culte et la morale? Un grand peuple consacre sa langue par la tribune, sa littérature, la presse, le commerce des hautes intelligences, par le culte, hélas! et par le roman et le théâtre.

Pendant que le grec savant et lettré tombait avec l'éloquence romaine sous la hache des barbares, pendant que les deux grandes langues du monde se mêlaient, s'altéraient sur la Méditerranée au contact des barbares, et que leurs eaux limpides recevaient les flots impurs de tant de nations aux idiomes de l'Orient, du Nord et de l'Occident, les vieux Germains vivaient tranquilles dans leurs champs et leurs forêts, gardant leur énergique langue, et malgré les conquêtes de Germanicus, plus de soixante millions d'hommes parlent encore la langue de leurs frères, ce bon et vivace vieux saxon qui est encore le tronc de trois royaumes du Nord et de l'anglais primitif.

Si un savant d'Allemagne a raison d'appeler peuple une réunion d'hommes qui parlent la même langue, on peut prédire que l'unité allemande sera le dernier terme des tiraillements politiques qui retardent sa constitution définitive ; on le présage sûrement aussi pour l'Italie, et, quoi qu'on fasse, on ne pourra que combattre momentanément cette attraction, cette puissance de langue avec laquelle on ne veut pas compter.

La langue sémitique, hébraïque, s'est partagée en plusieurs rameaux, comme le peuple. Il est admis que chaldéen, samaritain, hébreu, syriaque, appartiennent à une mère commune dont elles offrent quatre formes peu différentes. Pour un esprit supérieur, la diversité des alphabets n'est rien. Comme je veux renfermer ma dissertation dans le certain et l'utile, qu'il me soit permis d'affirmer, après étude consciencieuse, que l'arabe aussi est hébraïde ou sémitique, parce que, au foyer de leur père commun, Abraham, le fils de Sara et celui d'Agar, frères, qui jouaient ensemble, ont dû parler la même langue.

J'affirme de plus que j'ai trouvé un fonds commun avec l'hébreu dans le sanscrit et langues voisines, dans le malais, et qu'enfin j'ai trouvé, par l'affaiblissement des langues hébraïdes, une filiation ou parenté incontestable jusque dans les langues de l'extrême Orient et de l'Océanie. Du moins, soit vérité, soit fiction ingénieuse, je mets à même d'interpréter ces langues écrites en caractères européens. Si les voyages, les fonctions imposent de les parler sur les lieux, ma méthode sera d'un puissant secours. L'organe humain, l'esprit, les besoins, les passions, les milieux moraux et même physiques, l'oreille enfin, diffèrent si peu, qu'on pourrait *a priori* affirmer que s'il y a plusieurs langues, elles ont

nécessairement un fonds commun, un même but, les mêmes moy\
offrent en fin de compte la même somme de difficultés, ou il faudrait\
faire une création imaginaire d'hommes supérieurs qui vivaient je ne
sais où en dehors des lois de notre humanité connue. Rejetons ces chi-
mères et disons avec bon sens :

Qu'est-ce que le langage humain ?

C'est l'idée rendue, non par des sons purs ou des tons musicaux, mais
par des sons articulés. Qu'est-ce qu'une langue ? La vieille école répond : un ensemble de mots d'une signification fortuite, mais sanctionnés
par le caprice d'un peuple ; ce n'est qu'une pure convention ; le mot qui
exprime la rudesse pourrait signifier le doux, et ainsi pour grand ou petit, noir ou blanc, aimer et haïr. Demandez lui comment on apprend
une langue. — On ne la raisonne pas, c'est une affaire de grammaire,
de patience et de temps. Certes, voilà la plus énorme hérésie philologique.

Vous lui demanderiez : Qu'est-ce que l'homme ? — Un animal bipède
qui parle. — Vainement vous le blâmeriez de nous mettre si bas, un
animal, et vous définiriez l'homme : Une Intelligence attachée à l'anima-
lité. Bref, l'homme est un esprit, non une bête. Je dis, moi : Idée, pensée,
sensations et sentiments, voilà l'âme des langues. Classez vos idées
comme on fait en sciences et en tout. Voyez leur origine commune avec
d'autres, saisissez les analogies et les différences, pensez, pesez, dissé-
quez, analysez, classez toutes vos idées, vous trouverez, fin de compte,
qu'elles peuvent se symboliser par trois signes : couteau, la séparation ;
flèche, la locomotion ; cercle, l'agglomération. Descendez de la synthèse à
l'analyse, et réciproquement.

Une fois maître de vos idées, rendez-les par des sons et des formes
convenables, voilà les langues, qui ont leur raison d'être comme tout
dans la nature, dans nos codes, dans le culte religieux, en tout, en un
mot. Ayez un corps de pensées bien constitué, ensuite revêtez-le du cos-
tume de tel ou tel pays. Mais croyez que tout mot a commencé par l'onomatopée, qu'il offre une image, qu'il a sa vie, comme tout organe et
membre dans le corps humain. Voilà ce qu'il faut dégager par une
bonne étymologie, en remontant au premier père, au sens matériel,
emprunté à quelque analogie de forme, de couleur, de fonction. Vous
prenez au marin aborder, arriver, débarcadère, et lui, dira : équiper un
vaisseau, terme qui sent un peu l'écurie, préparer, parer un cheval.
Vous entendrez : boire une bouteille, un verre ; ferrer d'argent, beurrer
de confitures. C'est à nos halles de Paris, dans les ateliers que l'on fabrique très-bien de ces mots pleins d'images, d'esprit, et nous devrions

enrichir notre langue de plusieurs locutions sorties de la bouche du peuple, rompre nos lisières, oser émettre un mot heureux.

Nous ne savons pas exploiter la langue romaine, notre mère. *Courir* aura bien ses composés latins à peu près : recourir, concourir, etc. *Céder* aussi, mais *esse*, être, si riche en latin : *inesse, deesse,* etc., nager, *nare, natare,* fréquentatif ; *patere,* être ouvert, *patesco,* s'ouvrir ; *esum, esurire, sitis, sitire ;* et les déclinaisons, qui permettent tant de transpositions rationnelles ou euphoniques au moyen de ces cas qui indiquent le rôle de chaque personnage ; mais ces comparatifs et superlatifs, ces conjugaisons si riches, si faciles au fond pour un Français ; cette composition si libre qui met en avant les causes, les antécédents, et qui satisfait à la fois la raison et l'oreille ; ces préfixes *de, à, ab, ob, præ, pro, ex,* etc., qui approprient si ingénieusement le verbe au mode d'action : tout cela nous ne l'avons pas ni dans notre langue propre, ni dans les langues primitives. Nos, le, il, du, de, des, *avoir, être,* fastidieux auxiliaires de nos verbes, allanguissent la marche d'un peuple prompt, vif, aimé d'ailleurs avec sa langue, qui a le précieux et incontestable mérite, non de la précision, mais de la clarté. La clarté, on dit que la diplomatie ne l'aime pas toujours, et c'est précisément pour dissiper les ténèbres et forcer la ruse qu'elle préfère à toute autre notre bonne langue française. Elle marche bien depuis soixante ans passés ; qu'elle continue hardiment ; une bonne langue provoque, enfante et couronne le progrès. A nos neveux de faire avec les éléments anciens une langue nouvelle pour de nouveaux besoins.

Je crois que les langues ont commencé, ou du moins doivent s'étudier ainsi : 1ᵉ Le PRONOM ; disons hardiment je, jou, ou jes ; 2ᵉ toi ou c (non s), mais kh, kou, tou, ou kam, tam, vous ; 3ᵉ personne, au fond il n'y en a pas, c'est l'article ce, le, ces, les. C'est incontestable, même pour l'observateur.

2° Le radical aim., dans., fin., de aimer, danser, finir. Ce radical primitif est monosyllabique à deux ou trois lettres.

De ce radical si simple marquant une action, on a tiré le PARTICIPE aimant, dansant, finissant, et aimé, fini, ayant imité, *imitatus, amaturus,* devant aimer, *amandus,* devant être aimé.

Le PARTICIPE en ant a donné le nom en ance : constant, constance ; en d'autres termes, le verbe a engendré participes, adjectifs et noms.

L'adverbe est tout bonnement un adjectif, constamment, et on l'appelle avec raison l'adjectif du verbe : il frappe, fort, forts, fortement. On peut ainsi qualifier le danser lent, lourd, gracieux. Aussi quelques langues n'ont point d'adverbes et n'y perdent rien ; aussi l'adverbe ne connaît ni genre, ni cas, ni nombre ; affranchi du nom, il ne sait que modifier le verbe et se place à côté de lui.

Ce n'était pas assez, il fallait exprimer les rapports des personnages et des objets entre eux. La préposition se charge de cette fonction : sur, sous, devant, derrière, à travers, etc. Ce vocable d'un rapport simple entre deux idées est emprunté aux verbes aller à, de, monter, descendre, heurter, traverser, séparer.

Il fallait exprimer un rapport plus complexe entre les pensées. Tout homme est mortel ; or Paul est homme, donc Paul est mortel. Il riait, son père pleurait ; il riait lorsque son père pleurait. Eh bien, cette conjonction s'emprunte aux mots précédents, se compose d'une manière intelligible, et reçoit la consécration de l'usage et du temps. Comment pourrait-elle suivre les lois de genre, nombre et cas?

Il nous reste l'adnom, mal appelé article. Sa fonction est de marquer l'extension d'acception du nom. Il vient encore du verbe : un, le, ce, plusieurs, tous en portent l'empreinte pour qui sait observer. L'hébreu surtout nous la révèle. J'ai démontré tout cela dans mes ouvrages.

Les langues primitives sont bien loin d'avoir le luxe des langues classiques, et on les entend ; peu de prépositions et d'articles, moins encore de conjonctions ; point d'adverbes, mais on sait s'en passer ou les remplacer.

Voilà le sommaire du mécanisme des langues. On doit croire qu'aucune ne reste au-dessous de sa mission, exprimer les idées et leurs rapports. Les primitives, enfants de la nature, usent de la liberté jusqu'à la licence grammaticale, si on peut dire qu'elles ont une grammaire. Plusieurs langues équatoriales n'en ont point du tout.

Plus on se donne de liberté de langage, plus on a de bonds, d'enthousiasme, d'images et de poésie. A force d'entraves académiques, la nôtre perd pour la poésie autant qu'elle gagne en clarté et en termes propres au droit, aux sciences, au commerce, à la diplomatie. Est-il donc impossible au peuple le plus spirituel du monde de concilier ces deux avantages?

Les créments, flexions, préfixes, cas, genres fixes, constructions savantes et complexes des langues classiques, de l'allemand même, tout cela n'est guère connu des tribus troglodites, nomades, habitant les monts ou les coteaux. Mais les peuples élevés dans les luttes du barreau et au soleil de la liberté de discussion et de la civilisation bien réglée, à mesure qu'ils grandissent avec des besoins nouveaux, ont su et sauront toujours agrandir leur langue, la mettre à la hauteur du progrès, l'enrichir de termes nouveaux, de locutions, et un peu aussi de formes et de dispositions nouvelles.

Il est au milieu des nations un peuple ancien, dispersé, tenace à l'endroit de ses traditions et de son culte :

Si fractus illabatur orbis,
Impavidum ferient ruinæ.

Que l'Univers s'agite, se transforme, que les autres peuples se mêlent, s'assimilent ou s'absorbent, que le ciel croule sur la terre, il se promet de survivre à tant de ruines et d'être immortel, car il se croit le seul peuple de Dieu , et le reste est impie, barbare. Quoique son existence se soit mêlée à celle de plusieurs peuples, il a su en Palestine comme ailleurs se tenir dans l'isolement, occupé de ses intérêts matériels, vivant pour lui-même. Hélas, cette épidémie gagne plusieurs nations qui, pourtant, se disent chrétiennes, non encore notre catholique et généreuse France.

La langue de leurs ancêtres est encore celle de leur liturgie : on remonte par les livres des Juifs jusqu'à l'origine du monde. Comment cette langue consacrée par tant de siècles et par la foi fait-elle reculer les élèves de nos écoles et jusqu'à ceux du sanctuaire? D'où cette hébréophobie? Comment répéter mécaniquement que les fils de cette langue ont une forte tête, un esprit souple, du génie même, une telle aptitude ponr toutes les langues qu'ils peuvent partout commercer, servir d'interprètes? Avec un peu de bon sens et de logique, l'on devrait disputer leur trésor, aller boire à leur source, s'initier à leur langue. Non, la routine est là avec ses pontifes qui font des programmes qu'il faut suivre sous peine de..... je n'ose écrire le mot.

Je ne répéterai point que deux mois, mais sans points-voyelles ni massorétisme, suffiraient pour traduire la Bible hébraïque aux lieux historiques, planes, d'un sens adopté par tous. On s'étonnerait qu'il n'est point dit que Dieu créa l'arc-en-ciel, phénomène tout naturel qui préexistait au déluge, mais qu'il y attacha par anthropomorphisme, par une bonté toute paternelle, le souvenir juré de son pacte avec Noé et ses enfants, qui auraient tremblé devant le spectre solaire. Le prêtre verrait bientôt que l'admirable psaume *Domine, probasti me*, n'est pas sa traduction latine, et chaque pas qu'il ferait dans la langue sacrée serait un degré dans la vraie appréciation, une lumière de plus pour guider, une aspiration de piété et de foi. Il pourrait perdre très-heureusement d'un côté, mais assurément il gagnerait beaucoup de dix autres. Je crois que la science, comme la piété, est utile à tout, son absence un péril. La science et la foi vivent ou périssent ensemble.

Et vous, messieurs les docteurs de tous titres et à tous les rangs, qui devez être lampes, sinon soleils de l'intelligence en toutes ses études; et vous, frères égarés, qui prétendez nous vaincre sur le champ biblique, écoutez les conseils d'un vieillard qui vous aime, lisez le texte primitif d'abord, vous discuterez ensuite : *Et nunc erudimini qui judicatis terram*. S'il n'est allumé et alimenté, le flambeau n'éclaire pas. Qu'un maître de langues n'appelle pas avec sa grosse caisse et qu'il ne crie pas : Voyez ici, voyez là, s'il a négligé d'ailleurs sa chandelle. Qu'il lise plutôt le bon la Fontaine.

Je viens d'esquisser par ordre les parties du discours, de montrer les idées dans le miroir des mots ; je dirai maintenant *de vocibus*, du mécanisme de l'organe vocal, ce qui est moins philosophique. Je finirai par le concours fraternel de l'idée et du son pour l'expression de la pensée, comme on fait les parties du visage, puis du corps ; comme on fait la gamme, puis les accords les plus simples pour arriver aux plus composés.

ORGANE VOCAL.

Sage dans toute ses œuvres, la divine Providence a donné trois fonctions à un seul organe. La bouche respire, mange et parle, et de tous ses appendices, la langue est le plus beau. Dans son palais et faisant jouer le nez, les dents, les lèvres, le guttur, double vestibule du gaster et des poumons, la langue s'allonge, s'abrége, se replie, se renfle, s'élargit avec une flexibilité étonnante et qui n'existe nulle part, même dans les animaux. C'est qu'ils n'avaient ni idées ni pensées à rendre, pures machines sensitives qui suivent sans conscience de leur être la sensation du moment, sans mérite comme sans culpabilité. Avant de tout tenter pour faire parler les animaux, et de nous révéler que nous tenons le premier rang parmi les bêtes, il fallait, pitoyables athées, donner aux animaux, sentiments, pensées, génie créateur, cœur dévoué, bon sens, liberté, conscience du juste et de leur être. Vraiment vous oubliez, vous nous ravalez sans droit, vous n'allumez pas. Avant de souffler le flambeau de la révélation de la foi, il fallait en préparer un autre; avant de nous mettre à la porte pour démolir, ce qui est aisé, il fallait nous bâtir des maisons solides, saines, éclairées. Or ces machines mobiles marchent égoïstement à leur seul bien-être.

Observez bien *a priori* la bouche ou le bec d'un animal; *a posteriori* observez bien quels sons et articulations il peut ou ne peut répéter ; comparez son échelle vocale avec la nôtre et osez refuser au Créateur l'hymne de votre reconnaissance.

VOYELLES *(vocales)*.

Tout son de l'organe vocal est simple, sans jeu apparent des appendices, ou il est plus ou moins articulé. S'il pouvait s'imprimer un alphabet complet nous représentant par mille caractères au moins les principaux sons des langues de toute la terre, nous y verrions partout des voyelles : a, â, à, ai, œ, an, *(a* nazalisé), *angl.* è, e, é, e, en, a presque e, et e presque i, comme en anglais ; ei, eu, même ea (east. i, î, in), ain, i presque u, ü en allemand; i très-bref, y de iung, young; o, ô, ò, *citò vite*, oi, oe, ou, on, u, ù, un, u bref et toutes ces voyelles aspirées en ha, he, hi, ho, ou kha, khe, khi, voir même sa et ta.

CONSONNES *(consonantia)*.

CONSONNES, SON COMBINÉ DE VOYELLES ET D'UNE ARTICULATION.

Ici les appendices vont fonctionner, lèvres, nez, dents, langue aussi, gosier sous le soufflet général, comme à l'orgue. Les cordes vocales appartiennent plutôt aux voyelles. Combien d'efforts ont dû faire les fabricants d'instruments pour montrer, faire entendre du moins la voix humaine : vainement, cet admirable instrument a le cachet du Créateur et restera toujours inimitable. Que peut la voix humaine de nos orgues ?

En réduisant considérablement les sons et articulations si variés par la différence héréditaire ou accidentelle de l'habitant du nord ou du midi, établissons un alphabet simple et usuel.

L'ordre alphabétique ordinaire me paraît très-fautif; j'en présente donc un autre.

Pour les voyelles, essayez de passer depuis le *a* le plus prononcé jusqu'à *e* par dix transitions au moins. De même de *e* à *i*, de *i* à *u* et à *ou* et de *a* à *o*. C'est un exercice fort utile : *a* et *o* ont plus d'affinité qu'on ne pense. *A*, noble, *altus*, Aleim, le Très-Haut ; *o*, rondeur, final est sourd, chûtant. *Al* et *ol*, hébreu, signifient hauteur, et le paysan, peu ami des nobles, *a* chanté plutôt *mognus* que *magnus*. Demandez le son *au* à la basse Normandie, à l'Allemagne *augen* ; mais nos maîtres le prononcent *o, ogere, godere, orore*. Tant pis, c'est une faute (fote selon eux).

E légèrement aspiré est le signe naturel de souffle, vie, femme. Aussi nous disons forte, grande, avec l'hébreu. Il est doux et suave souvent. *I* petit de toute manière, féminin, gentil ou doux, car *hi* a un autre caractère. Il en est de même pour toute voyelle et même consonne. Elles ont toutes leur piano, moderato, forte, et des inflexions indescriptibles. C'est ce choix d'articulation et de modulation qui donne tant de charme à certaines conversations, tant de puissance par l'oreille sur les cœurs aux plus grands artistes, aux orateurs.

U, ou, sont passifs souvent, ou amples : nous, vous, ti ou si, *q-t-loun*, soit Kataloun, *ponun*, devenu *ponunt*. Mais comment écrire tant de milliers de méandres, transitions, modifications si légères et presque insaisissables ?

Le vieillard aime à raconter, qu'on me pardonne une anecdote. Le célèbre doyen des avocats, M. Berryer, fut prié par un cercle d'aspirants au barreau de leur apprendre son art. — Bien volontiers, Messieurs, venez à tel jour avec chacun un livre.

Messieurs, nous allons commencer par la lecture, s'il vous plaît. On s'étonna, mais il dit à un auditeur : Lisez. Et il lut correctement. — Vous avez entendu, Messieurs ; je vais lire à mon tour. — Et Berryer lut le même passage. Des explosions d'applaudissements sortirent de toutes les bouches, de toutes les mains. De jeunes prédicateurs ont souvent demandé à des maîtres en parole évangélique quelque sermon qui avait fait une impression profonde. Cette parole brûlante comme la foudre, douce comme le zéphyr embaumé de fleurs, en passant par certaines bouches, devenait un je ne sais quoi qui n'a pas de nom. « Vaut mieux encore rester soi-même que de gâter les nobles discours des autres. »

J'ai dit des voyelles, passons aux consonnes, mais bien rangées et coordonnées.

CONSONNES CLASSÉES.

Premier rang et honneur au B. Cette émission labiale a du large, grand, noble, puissant jusqu'à la force brutale et barbare. Tout le monde connaît cela : Rabin, robur, robe, robuste, bar, pesant, lourd, baron, varon, brisefer, boulet, bombe, obus, obésité : oh ! que je souffre d'être resserré par les hébréophobes ! Comme la langue divine est énergique ici, naturelle, logique, féconde à l'endroit de ses filles ou contemporaines, si elle en a ! Je crierais presque aux ennemis de mes citations de *b*, en hébreu et autres : Bourreaux, vous m'avez coupé les ailes, resserré dans des murs et des chaînes, brisé mon pinceau et ma harpe, arraché aux rocs granitiques pour n'élever que des cabanes sur un sol qui s'effondre. A vous la responsabilité. Dites du maçon, moi, puisque vous m'ordonnez de l'être, dites tout ce que vous voudrez, mais ne calomniez pas le Créateur des langues et son système d'expression, à la hauteur duquel, sans étude sérieuse, vous n'arriverez jamais.

Un seul *b* hébreu ou arabe que j'écrirais ici les mettrait en rage et en fuite.
Donc continuons notre édifice bâti en l'air, puisqu'on nous refuse la terre.

P est si voisin de *b*, que le même radical sémitique (en langue de Sem)
se trouve souvent en *b* ou en *p* ; ce n'est qu'une modification par le pin-
cement des lèvres, laquelle se conforme à la modification de l'acte, de
l'idée. Frapper, taper, paver, pampam, pompe, valent mieux pour le coup
que les *b*. Il a tort l'Alsacien qui confond boulet et poulet, bombe et
pompe. Toutefois pour simplifier écrivons :

$$b = p, \text{ comme labiales.}$$

Les semi-labiales sont *v* et *f*. Pour les articuler, abaissez les dents supérieures sur la lèvre inférieure, ou, ce qui est pénible et grimaçant, faites
le contraire. Elles conviennent pour respirer, souffler, parler, répandre,
voler. Oh! qu'elle m'est ici pénible l'abstention de cent preuves en toutes
langues. Voler, *flare*, filer, ne se diraient pas convenablement par *b* ni *p*.
Ecrivons une deuxième équation :

$$f = v, \text{ et } b = p = f = v.$$

M, labi-nazale, a deux sons : son nazal, vague, étouffé, inarticulé d'a-
bord, puis son articulé, émis par l'explosion des lèvres. De même *n*, que
nous allons voir aux dentales.

M convient au mâle; mer; multitude, mont, signe du masculin. Par
contre *n* est féminin, petit, passif. Du reste, ces deux nazales ont tant
d'affinité, qu'elles permutent dans le pronom *ni* et *mi*, moi, *mus* (mos)
et *nos* : fêmi, *memini, pon-i-mus*, pour *pon-i-nos*, nous, uns au nord.
C'est donc plus et moins, positif et négatif, *magnus*, grand, ne peut être
ni mignon, ni *nignus*. *Multi* n'est point *nulti*, ni mont un nont.

D est mordant, *edo, dent*, dogue, dard, et touche à *t*, tellement que
l'Alsacien ne peut guère les différencier ; donnez-lui un dinde, tonnez-
lui un tinte. Il parle du reste, surtout il écrit correctement le français.
Plusieurs langues ont plusieurs *d* et *t*, et elles ont raison.

Z se prononce aussi *dz*, là surtout où *j* s'articule *dj* ; mais cela fait
deux sons dans la réalité, gentle djentlemen.

S est voisin par sifflement, et plusieurs langues ont *s* sifflant, *s* dur,
sourd, S, *sh*, *ch*. C'est toujours un jeu de la langue sur les appendices
voisins. Le *ts* hébreu, retourné en *st* dans nos langues, est un son double,
comme $x = ks$, $y = i \, i$. Troisième équation :

$$D = t, th = s = z.$$

Appelez tout cela dentales, chuintantes, sifflantes, ou simplement
glosso-dentales.

Les appellations alphabétiques ne peuvent se formuler mathé|
ment. Que nous importent les nomenclatures? Arrivons à cett|
sition que les homophones permutent entre elles, mais jamais l|

Enfin nous aurons *r* diversement modifié.

R est l'âme et le protée de l'alphabet. Son étude donne la clef des langues. Prononcé très-rudement, il craque, croque, ronfle, brise, crie, croule; modéré, il coule, roucoule, murmure; au piano, gracieux. Il s'atténue encore et flue, coule; liquide, laine. C'est *l* que nous pouvons comparer à la neige de juillet : plano piano, pleno pieno, mals maux, à l e, au ; *r* s'atténue donc souvent en *l*, et celui-ci disparaît.

Si au contraire *r* devient grognard, grugeur, rocailleux, il devient *g*, (gue, celui-ci touche à *c* (*k*), roucouler, gargouiller offrent le même élément; *r* a trois états. Le peuple, sans *r* ni *g*, dirait oucouler, aouiller, et si *c* manquait aussi, on dirait outouler, atouler. C'est précisément ce que font l'Océanie et autres peuples dont la mollesse dans le climat et les mœurs a dû resserrer et ramollir l'alphabet. Là point de *b*, c'est *p*; point de *c* (*k*), c'est *t*; de même de *d* absent. Toutefois, au moyen de la langue primitive, encore universelle certainement, j'ai pu mettre à chaque mot sa racine hébraïde, et donner les moyens d'apprendre bientôt ces langues, si douces, imagées, gracieuses. Quand nous aurons une chaire d'océanien, j'offrirai mon travail, repoussé, bien entendu, là où il avait droit d'admission, et j'en ai bien d'autres qui verront peut-être le jour quand je n'en jouirai plus. Il me manque les palmes et l'argent. Je vais établir ma dernière équation, en supposant : 1° que *r* s'abaisse en *l*, qui se fond souvent ; 2° que l'on fait bien de supposer que *r* se trouve dans tout mot normal, que tout mot a deux ou trois lettres où *r* joue un rôle différent d'après sa forme et sa place. Au deuxième rang, il est énergique : briser ; au dernier, il est faible.

Exercez-vous sur *mon père et ma mère*. Le malade : mon pele, mon peye, mon pee et ma mee, ou pègue, mègue ; puis enfin l'aspiration finale allemande, dans ich, sprach.

L'Auvergnat a des *r* qui casseraient le pavé.

Le Provençal dit pgovence, Magseille.

L'Anglais de Londres a singulièrement affaibli *r*; nos incroyables de la fin de l'autre siècle l'avaient poskit (proscrit); la jeunesse allemande l'atténue.

Ici c'est toute une province qui l'affirme carrément ; là une autre qui le grasseye, et diversement selon les arrondissements, les cantons, même selon les familles. J'ai connu un personnage qui en avait jusqu'à trois : un pour la conversation et les affaires, un pour gronder, un troisième pour être gracieux. Etudiez donc bien ce *r* qui semble entrer dans tous les mots primtifs appelés racines ou radicaux.

Voici l'ordre rationnel de l'alphabet universel.

Première série: voyelles, ia, ei, ai, â, an ; ê, é, e, eî, jusqu'à i, u, ou, o, etc.

Deuxième : labiales, b, v, p, ph, f ; m labi-nazale, son double.

Troisième: dentales, sifflantes, schuintantes : *d*, *d* dur et fort : t doux, th anglais; tt dur et fort, *s* dur, et *ç* espagnol, sigma ; *s* doux, mais non *z*, rosa : z et tant d'autres qu'il est impossible d'écrire, surtout avec notre maigre alphabet.

Je ne puis donc aller plus loin et je renvoie aux alphabets et prononciations spéciales. Qu'on nous fasse donc une tête humaine qui les répétera jusqu'à les épuiser.

ORIGINE DE CES NOMS DE LETTRES.

L'écriture a suivi la parole. Celle-ci s'altérait, il fallait la fixer et la propager.

Disons crûment la chose. On a inventé depuis peu, pour les petits enfants, des figures avec la lettre à côté, et on lit : âne, biche, coq, dindon, éléphant, fagot, gronder, etc. C'est a, b, c, d, e, f, g (gue, non j).

Les Orientaux, Egyptiens, Chinois, ont fait des figures hiéroglyphiques dont le nom commençait par a, b, c... Pardon, cher lecteur, l'hébreu est cela évidemment, d'où nos alphabets grec et européens. Ne perdons pas notre temps à démontrer par telle et telle dégradation que la tête du bœuf est devenue A, et de suite. Apprenons les alphabets, et peut-être pourrons-nous donner des explications ingénieuses.

Ne discutons pas non plus le mérite absolu ou relatif de chaque lettre. Toutefois *r* hébreu a des homophones qui se rapprochent beaucoup de lui, et conséquemment entre eux. Donc les appellations alphabétiques ne peuvent se transférer.

Quelle est la meilleure formation de lettres et lecture, de droite à gauche dans l'orient, ou de gauche à droite dans l'occident? Faites votre *c* oriental, votre *r*, etc., ouverts sur la gauche, puisque vous lisez en allant à gauche, et comparez כ et c, ק et q, ר et r. Dans *axis*, vous avez les deux c, *ac-cis*, adossés; *b* et *p* orientaux sont les deux nôtres retournés. Nous avons boucles et liaisons , eux point. La cursive allemande, certaines lettres arabes sont rondes, coquettes ; l'hébreu est plus sévère, et le cunéiforme, tout en lances, n'a pas la grâce de nos alphabets.

ASSOCIATION DE LETTRES.

Un élève en musique commence par la gamme ; seulement on devrait lui dire que la vraie gamme est toute l'extension de la voix depuis la note la plus basse jusqu'à la note la plus élevée, qu'on recommence à *ut* d'en haut inclusivement à nommer sur la première échelle pour ne pas avoir un très-long alphabet musical, car un ton en lui-même est un nombre connu de vibrations, lesquelles s'accroissent en nombre si la corde est plus fine, plus courte et plus tendue.

Ensuite le maître fait parler ensemble *ut* et *mi ; ut, mi* et *sol ;* enfin *ut, mi, sol, ut.* Ah, comme l'élève est ravi ! Quelle suave harmonie ! Si le maître lui fait ensuite de la dissonance, de la cacophonie, ses nerfs se crispent. Pourquoi ? C'est que l'oreille est faite ainsi. Une excellente mélodie est une langue goûtée en France, en Allemagne, partout. Le choix d'un instrument ne doit pas être négligé sans doute, mais tout instrument, ou, si elle est compliquée, une réunion d'instruments la rendra plus ou moins bien.

Cette pièce peut s'envoyer à New-York ou à Pétersbourg ; elle sera lue, exécutée de même partout. C'est que la musique a sa langue universelle qui, plus heureuse que les nôtres, émane de l'oreille, ne peut changer.

Si une langue parlée était empruntée à cet organe, ce serait un grand pas vers la langue universelle, et un congrès de philologues musiciens pourrait poser la première base. Pour l'achever, il faudrait le concours de tous les arts pour arriver à l'expression du beau idéal, le concours de la logique, du bon sens, du cœur, de la bonne anthropologie, de l'ethnologie philologique ; le concours enfin des langues primitives, et je suis sûr qu'on viendrait boire aux fontaines sacrées qu'on se ferme avec une opiniâtreté inconcevable.

En assemblant deux lettres, on n'a que deux positions possibles : soit *b c* et *c b.*

Mais trois lettres *b c d*, donnent : *b c d, b d c, c b d, c d b, d c b* et *d b c :* en tout six.

Si vous aviez *b c d f*, cela vous donnerait 24 ; cinq lettres, cent vingt, et de suite. Mathématicien, dites-nous le nombre possible d'un alphabet de cinquante lettres, non de vingt-deux lettres seulement, comme en hébreu. Ici nous écrivons deux ou trois lettres pour radicaux purs, soit *d b r* ; je prononce toujours ᴅ a ʙ a *r,* sans rien affirmer, si ce n'est qu'on va vite, vite et bien. J'en fais autant pour mes élèves en arabe, en leur recommandant bien les signes et les maîtres, car c'est une langue vivante ; il ne faut pas négliger les voyelles et les signes. Mais, pour une langue morte, j'en fais bon marché. Qui pourrait nous dire comment prononçaient Moïse, David, même Homère et Virgile, bien plus modernes ?

J'ose affirmer que la synagogue n'a pas conservé la pure et splendide prononciation du temple ; et le peuple juif, depuis sa dispersion, l'a dénaturée au contact des peuples, mêlé à tous et obligé de parler leurs langues. La mienne se rapproche de la lecture portugaise.

J'affirme de plus que le choix des lettres et leur ordre se rattachent à des harmonies d'idées et de sons qu'on peut entrevoir, qu'on formulera un jour comme on a pu alphabétiser la musique et formuler ses grands principes et ses lois ; tâche utile et glorieuse au-dessus de mes forces et de mon âge. Et puis je ne pourrais bien opérer que sur l'hébreu, avec toute liberté, et on m'enferme dans le cercle de Popilius. Du moins, si je voyais s'élever une chaire de Langues comparées, occupée, non par un intrigant heureux, mais par un homme ami des hommes plus que de l'argent, polyglotte, studieux, capable de tout point, oh ! je dirais de tout cœur : *Nunc dimittis....*

Si on demande au maître de musique ou de langues des formules d'une sévérité mathématique, ils répondront : *Non possumus.* Celui qui sent les devine, celui qui est né sans esthétique, ni goût et disposition pour les arts, enfanterait laborieusement ce qui mourrait avant lui.

Jamais une assemblée humaine ne pourrait créer une langue égale à celle des enfants de Sem et l'observation combinée de l'idée et du son, les modifications qu'elle nous montre avec de si justes et délicates transformations, avec mille nuances représentées par les préfixes *ad, cum, sub, peri, amphi, uber, super,* etc. ; jamais le génie humain ne pourrait les créer et coordonner, puisque, même *a posteriori*, il ne les a pas encore étudiées, pas même soupçonnées. A vous, jeunes gens, de révéler tant de beautés ensevelies dans la synagogue massorétique, tant de trésors enfouis depuis des siècles. Méfiez-vous des lourdes grammaires ; c'est dans le dictionnaire comparé et médité que vous trouverez les richesses des langues, un style vif et imagé, toutes les plus heureuses hardiesses de la poésie, les touches, les mouvements, l'âme de l'éloquence. Combien d'exemples je pourrais fournir ! Mais on me demande un édifice aérien, pour l'admirer en passant ou me siffler.

La disposition des lettres joue donc un grand rôle dans les éléments des langues, comme dans la musique celle des notes.

Quel rôle jouent les voyelles mêlées aux consonnes ? Que penser des langues où elles abondent ?

Celles-ci gagnent en grâce ce qu'elles perdent en vigueur. Donc aux langues des enfants du nord de nous peindre, de chanter le fracas des batailles et du tonnerre, les plus horribles scènes des montagnes abruptes où mugissent les torrents; l'hiver avec ses glaces; Borée chassant devant lui les neiges qui vont s'engouffrer dans les lits des torrents et dans les immenses cavernes où la terre a craqué dans des révolutions inconnues. Le nord a des consonnes entassées que le gosier, la bouche, la langue articulent à la fois. On tuerait tous les Chinois sans en trouver un seul qui pût prononcer schram, schreife, pferd, pflug, même sprach, nichts, mich.

Disons donc des voyelles qu'il en faut avec mesure, qu'elles sont le sentiment, le piano, le mineur, le tissu cellulaire des langues, mais que les consonnes en sont la charpente osseuse, le muscle, la partie la plus solide, la moins variable.

Soient donnés q r b, ou q l b, ou qoub. Vous aurez en toute langue sémitique des mots qui expriment à l'actif ou au passif nos mots français, puisque l'abstention de langues étrangères m'est ordonnée : créver, graver (q = g) scribe (graveur), car on a commencé ainsi l'escribture, écriture, grave (corps qui enfonce) ; corbeille (chose creusée et ronde, puisqu'on creuse en rond) ; courbe, croupe, grappe, groupe, griffe, escrebisse, écrevisse, grappin, greffer, greffier, grippe, cucurbite, globe (r = l), glove gant, bloc, escrobelle, escrou, écrouelles, bloquer, blague, book, volume rond jadis, bouquiniste, bogue, bague, cave, caverne, giberne, coupe, γλυφο, hiéroglyphe, crypte, bourg, parc, *purgos*, broc, bog, arc (courbe, bocal, bucca, boucle, bâcler, blague (chose creuse), poche, bac (creux), barque, corvette ; puis plico, plier, *flecto, præcor* (les genoux), puis kamp, cambré, etc.

Ne voyez-vous pas là : bécher, creuser, rond, courbe ? Toutefois, 1° c'est un peu vague, comme en musique, et il faut la consécration de l'usage, l'appropriation de chaque peuple dans l'emploi et le sens positif de chaque mot ; 2° admettre quelquefois la disposition inverse des lettres élémentaires : Exemple : kas et sak, qal (hébr.), et *leucos, lux*, courbe et barque, et du changement de voyelles. Ajoutons les affixes avant, au milieu, à la fin, que l'hébreu explique avec une lucidité philosophique. C'est *m* avant, faisant participe et nom, à la fin *im*, pluriel : seraphim, les séraphs; ou outh, ith, pluriel aussi, d'où nos flores (florouth) ; mais ne quittons pas notre série : labiale avec *r* et ses homophones : *m b r*, broyant, broiement, instrument, lieu pour broyer ; *b r m, p r m*, seront dans la même série d'idée et de mots, et jusqu'à s b r, *sabrer*, séparer, *t* ou *d b r ; d b r*, peste, ravager ; b r d, grêle (hacheuse).

Le frère est parallèle de b r q, q r b est p r q, f r g, frango, fragor, frayeur et fracas, brisement ; carpo, disserpo, serpe, kharf, khraf, griffe, khafar, creux, havre ; khafar, entourer, cacher, d'où cafard, coffre, coiffer, goufsre ; k pl, accoupler, copule, goupille, goupillon, cheville ; griffe est presque cheville. Kh r b, p, f, créver, creuser, enfoncer touchent à b q ô, bêcher, couper, copto, bœuq (bœuf), boxer ; à pungo, piquer, poche, picotin, pic, pique ; puis *pingo*, tatouer, piquer, peindre ; et *fingo*, feindre ; pic, spica ; spongia (la piquée).

Que mes exemples si nombreux à l'appui ne vous ennuient pas plus que moi, octogénaire, à vous les écrire. Cher lecteur, on ne comprend les grands principes qu'avec la patience du détail et l'esprit d'observation. Que d'aucuns disent que je radote, ils feraient mieux de me donner des brimbes de leur sapience. Mais passons à la deuxième série.

Deuxième série, dentales : ç espagnol, s et ss grecs, s sifflant, d et *dd*, t et *tt* dur, énergique, sch, sh, ch, j, z.

Vous les verrez souvent alterner entre elles pour modifier le verbe un peu à la lourde mais logique manière des préfixes : *à*, *sur*, *de*, *avec*, etc. Cette série est généralement svelte, gazouillante en *ts*, *z*, mais dure, étreignante avec r : blitz, éclair ; zith, lumière ; olive, huile ; zénith, sommet lumineux, *sous*, hirondelle et coursier, n *ts* voler ; leste, *t s f r*, passer, oiseau (siffleur), *fistula*, fête, d'où passer.

Mais *ts* avec r, rr, même k, serre comme le vautour, *serrat*, char, *charat*, déchire ; *stringit*, étreint, décompose, dissout, et retourné, *rase* une ville, *rât*isse, *rosse*, et s'adoucit par *l* pour *r*. Ici encore je me sens serré, stérile, torturé, transi dans les serres de l'aigle. On m'interdit jusqu'à une lettre étrangère.

Mon adversaire me serre la gorge, m'estrangle et m'étouffe hors de ma chère langue de démonstration, avec **20** contre moi **1**.—Eh bien, lui dis-je, vous avez vaincu, ce que j'écris honnêtement, non 20 ou, seigneur Dom Hihotte, chevalier à la classique figure, guerrier invincible ; vous avez vaincu.

Voyez quelle équité dans nos armes ; on me donne un tronçon et on m'attaque d'une lance.

Je saute par dessus cette intraitables série à ma troisième.

Troisième série, labi-dentales ; et *r*, *l*. *u*, *i*, *o*, *ou*, même *a* et *e*.

Le crescendo est *g* dur, *c* dur, *k*, *kh*, *h* dur.

Entendez-vous la voix puissante, mélodieuse de cet orgue complet sous les doigts et les pieds d'un grand artiste ? Comme chaque jeu chante bien ! Comme tous ces oiseaux jettent des flots d'harmonie ! Comme toutes ces voix mâles et gracieuses se mêlent pour le plaisir de l'oreille et de l'âme ! Mais quand l'organiste veut imprimer la terreur, ses bombardes parlent comme les cataractes, la tempête, la mer en furie, comme le tonnerre. Eh bien, voilà une image de cette série troisième ; labiales, dentales, *r* guttural, ronflant, rocailleux, se mêle pur ou transformé. Les trois grands jeux parlent à la fois, trois tiroirs au moins s'ouvrent, écoutons.

Nous pouvons donc l'appeler la réunion de trois avec les deux premières séries ; soit : *bronté*, tonnerre, *d b r*, peste, désert ; *b r d*, grêle ; briser, brutal ; *tt r f*, briser, *tribô*, briser, *distribuo ;* puis, plus doux, tribut, la part que l'on paye ; tribu, portion d'un peuple ; *turpis, stuprare*, tribulation, d'où travail, tribulation, herse, chardon ; *trabs*, puis *trabula, tabula, tabella*, table, *tabellio*, notaire (tablettes-affiches). Mais tube n'est pas ici, c'est *tuba*, trompette, de *i b l*, *jubilare*, et pour affinité d'image, c'est *bathus*, grec, *pro-fundus*, teuf, deep, *puteus*, fontaine, Batavia terre basse, sens aussi de Hollande et Pays-Bas ; c'est base, bassin, bas, chaussée inférieure. Il faut donc, à tout mot, contrôler l'idée par le mot, le mot par l'idée.

Turba, foule confuse, n'est pas ici non plus, c'est un mot grec-hébreu, *o r h, sorbe, torbe,* ce que fait le grec, puis enfin *turba*, troupe, troupeau, *turbare, perturbare*, troubler. Toutefois il appartient à la troisième série, *horab*, confusion, et s'éloigne peu dans l'idée. Combien il est difficile de poser les limites de démarcation rigoureuse en tout ce qu'il y a de plus mobile et impliqué, le monde de l'esprit, l'univers de l'âme !

Mais nos *t b r, t r p* pourront s'adoucir en *terpω*, plaire, parce que l'attaque *t* n'est point radicale, car c'est *o r b,* suave, sorbet. Bird, oiseau, barde, trouvère, bourdon, sont hébreux *p r t, ts p r,* passer oiseau. C'est bruire, bruit.

Défalquez jusqu'à dégager le radical, deux ou trois lettres. Quand l'hébreu a quatre ou cinq lettres, il faut défalquer celles qu'on ajoute dans la composition.

Putride rappelle *turpis*, puis *putere*, fétide, enfin puer. *Patere*, être ouvert, *puteus*, puits ; *pedere*, péter, est ouvrir, sans le vilain complément, il touche à puer. *Spatium* est encore *p r t* ouvrir, ouvert═large, dans l'idée, bien entendu. Pouth a un sens inécrivable. Et puis taper, typographe, battre, abattre, tomber, tafe, tombeau, dauber, tromper ; strophe, *t s f r*, tordre, tourner. La série est très-nombreuse, mais facile par la persistance labiale.

Il nous reste la quatrième et dernière série : absence de labiales et de dentales, ou jeu de voyelles.

Quatrième série. Voyelles et *r* si doux qu'il compte à peine. J'ai traité les *k r*, crier, craquer, *k l*, *clamare*, kour, creuser. Ici nous avons souvent *m* et *n*, lesquels ne font partie intégrante du vrai radical. Donc pour classer uô, pleuvoir, nêr, couler, briller, *ill*, *ululo*, *m r r*, couler, *hie*, respirer, être; *e i e*, *id.* plus doux; menê, lune, d'ou *manis*, *menisque*, il faut remonter à la consonne protéenne *r*. C'est rouch (non che, mais *h*, presque *kh*) dans ϐpraφ, allem.,; rouh, respirer, vivre, d'où *ero*, *eram;* *ru*, roue, couler, d'où *rio*, rivière, *rinus*, *rivus*. Puis viennent *nare*, *manare*, many (anglais), beaucoup, *nimius*, Mein, Maine, *amnis ; omnes?* Nérée, Naïades, Nil, *n h l*, torrent ; moon, lune, *mensis*, manifester, mot double, ou dirize (phouts, *effusus*, éclater).

Pardon, cher lecteur, de tant de citations; mais j'aime les exemples à l'appui, la clarté, et je laisse à d'autres de planer dans de hautes et fantastiques régions pour se faire admirer par l'ignorance et couronner par les distributeurs de l'argent et de la gloire. Vous pouvez apprendre les langues par mes rapprochements et mes principes; vous saurez, vous manierez mieux la vôtre et celles que vous connaissez plus ou moins bien. C'est une douce pensée pour moi, ce peut être un plaisir et un fruit pour vous. Si mon arbre ne donne que des fleurs, qu'il soit jeté au feu, mais non le vieillard de bonne foi qui l'a planté.

CONCLUSIONS A TIRER DE MES QUATRE SÉRIES.

Ouvrez au hasard le dictionnaire, mien ou autre ; un mot, verbe ou nom, se présente : soit aller, courir, couler, glisser, trotter, équiter, promener, ambuler, sauter, danser, passer, marcher, venir, grader (retrograder), regredior ; *con*, *ad*, *aggredior*, progredior ; *e*, *di*, suggredior. Tout cela a pour fonds aller, s'étendre de A en B. C'est cette idée de locomotion, d'extension, de projection, espace parcouru, qui domine tout cela à divers modes et degrés. Couler, glisser, courir, se rapprochent évidemment d'idée et de son ; lancer aussi, faire courir. Oh, par l'hébreu *e l c*, elac, c'est patent : legat, laquais (commissionaire) ; *locus*, où l'on va ; *leuca*, lieue, une marche, ou *d r r*, couler. ὔδωρ, *radiare*, *rhodanus*, hirundo, *i r d n*, Jourdain, *rheda*, chaise de poste, et *d r c*, drac, *draco*. *dorcas*, coureur, trekhô ; courir, gradior ; drom, course, hippodrome, la Drome, storm, stream, ou *r u t s*, courir; ross, horse, cheval, trotter, trottoir, *rota*, roue, *radius*, *radiare* et *rotare*, ruisseau (*rusis?*).

Aller, couler, *e l c*, elac, pleur fluide, celer, *equus*, ôkus rapide, kalkal, cheval, coursier ; kharar hébreu; grec, sauter, danser, *chorus* et courir, car la danse ancienne était coureuse et très-animée, bruyante même de voix et instruments ; *d u ts*, tanzen, danser, *f r u ts,* courir, se ruer, si ce n'est lui par *t r u ts.* Mener, hébr. m n h, m n g, (manége), ago a donné pro-mener ; i b l ambulo. *ts l h* tsalah, *salio, salto;* thalassa, bondissante, leste ; *lœtus ; passer*, pons, passage, pâque est *p ss ah*, pasah, passer, épargner.

Je vous recomande mon symbole flèche et les lignes courbes, droites, s'irradiant, se heurtant et coupant. Dieu nous a donné deux infinis devant nous, le Temps et l'Espace, représentables par les lignes. Un orateur logicien, dramaturge, philosophe sensé et clair en démonstrations useraient des lignes avec fruit. Mais quelle vie et lumière peuvent exister dans une classe sans tableau, sans figure, hélas! souvent ténébreuse en tout point? Le divin maître dit que celui qui agit bien aime la lumière, que si un aveugle conduit un autre aveugle.... Et lui même éclairait et animait son enseignement par des paraboles, des figures, des images vivantes. Saint Paul a plus de poésie à lui seul que tous nos poëtes ensemble. Chrysostome disait : Si j'ai quelqu'éloquence, c'est à Paul que je la dois. Le lit-on saint Paul, du moins sous ce rapport, à ce point de vue pratique? C'est que Paul laisse voir à travers le grec et le latin que ses pensées sont nées dans sa langue paternelle, l'hébreu.

Prenons encore une idée voisine de couler, marcher, éloigner, ᴇ ʟ ᴄ, *longus* ; ᴀ ʀ ᴀʜ, voyager, ʀ ʜᴀ ǫ, écarter, ᴀ ʀ ᴄ, *arceo*, large, araignée, arranger, rank, *rigeo (jacens, porrectus*). C'est le fluide aérien, voisin du fluide lumineux. Aussi est-il curieux de rapprocher leurs verbes, et leurs noms : lucide, walk, liquide, éloigner ; *flugo,* gsi, *fluo, fluctus, fulgeo, fugio, flumen, fulmen, flare, flamen:* g tombe facilement, gsi = x, *fulguro,* ʙ ʀ ǫ donne *fulmen*, et foudre pour fougre. R ᴜ ʀ *rorare,* ʀ ᴜ, ᴀʜ souffle, ʜ ᴀ ɪ ᴇ aô, en grec, *anemos*, souffle, vent, *animus, anima*, anme, âme. *Manare*, couler, ɴ ᴇ̂ ʀ, manêr, manouah, manoir, *sedes*, où je souffle, vis, *maneo.*

Si ces rapprochements n'étaient qu'ingénieux et sans fruit ni pour l'exercice de la pensée et les travaux de la composition, ni pour apprendre les langues, je dirais : Laissez le vieillard à son échiquier jouant aux jeux de mots dans sa béate innocence. Mais non, l'élève classique irait à la vapeur, ses conceptions courraient comme l'électricité, et on le fouette dans les bourbiers de Quimper-Corentin. Je n'accuse pas les hommes, je déplore les méthodes et je provoque les améliorations, comme je suis sûr que plusieurs hauts dignitaires, pères de familles, amis de l'humanité et de notre chère France, les désirent avec moi. On a interrogé les instituteurs, ils ont répondu. Et nous, professeurs et auteurs, qui ou que sommes-nous donc? N'est-ce rien que le conseil d'un vétéran en marine, en guerre, en droit, en vie publique ou privée? Trop tôt quelquefois pour l'intérêt général on nous déclare rococos, radoteurs, propres à rien, pour ne pas dire davantage, et Dieu sait quelle jeunesse imberbe, impatiente, inexpérimentée nous traite si légèrement et blesse la France, le progrès, le monde entier avec nous. J'ai hâte et besoin de terminer. Voici les conséquences pratiques de mes symboles et de mes quatre séries.

CONCLUSIONS.

Apprendre une langue, c'est raisonner tous ses éléments dans le dictionnaire, toujours, et toutes ses formes et lois dans la grammaire, deux fois au plus, en éclairant cette double étude menée de front par la traduction de morceaux bien choisis et de couleur nationale. La prose poétique, imagée, dramatique , historique vous profitera plus que la haute et pompeuse poésie ; c'est la marche que j'ai suivie dans mon journal des cinq langues hébraïque, allemande, anglaise, grecque et latine ramenées avec le français à une seule.

Vous commencerez l'étude philologique comme l'étude historique, par ce qui est le plus ancien. On descend plus facilement un fleuve qu'on ne le remonte, et on n'affronte pas impunément les généalogies et les faits. On doit passer par la tente des nomades avant d'aborder le luxe des cités et de leurs langues. Si un mot, une loi grammaticale vous arrête, passez outre : pas de minutie ni de pédantisme prétentieux, mais contentez-vous du gros bon sens. D'où viennent pistolet, baïonnette ? Laissez disserter sur cela les gens qui n'ont rien à faire et allez, vous, droit à la conquête des langues.

Voici les lois des peuples dans leurs paroles, et celles de l'étymologie : soient quelque mots semblables dans leur prononciation et même l'écriture, comme les sons groupés vol.... san, sen ; ne les tenez pas pour consanguins s'ils n'offrent pas le même fond d'idées, et cela non-seulement dans les limites d'une langue, mais quand vous en comparez plusieurs. Qu'est-ce que voler comme l'oiseau? c'est fendre les airs. Donc nager, fendre les eaux, pourrait être le même mot pour tous deux, surtout avec une légère inflexion dans la voix, ou par quelque très-légère substitution, soustraction, addition : voler, nager dans l'air, dit Virgile *remigium alarum*, n'est pas notre voler, dérober, qui est *furari*. *Volare* est F L AH, sillonner, fendre, plaga, fléau, pflug, pelecus, falc, planche (fendue passif. HA L F a le même sens, d'où half, moitié, et A L P H, bœuf (creuseur), t-*alpa* fouilleuse, *vulpes, lupus, éléphant ?*

Si je me trompe en négligeant une origine plus immédiate, c'est sans danger pour moi, car j'enregistre en ma mémoire dans une famille d'idées du même genre ; cela suffit à mon jugement et à ma mémoire.

Quant au voleur de bourse, on l'appelle ou de son premier acte, perceur de mur dans l'absence du maître, perceur, piqueur de poche, pikpoket ; ou de son deuxième, cacheur, G N B, kleptès, de kalup, il cache, enfouit son larcin ; mais creux, cachette, sont tellement voisins dans l'idée, ou que l'on serait embarrassé sur le choix, ou qu'on pourrait les admettre tous deux. Il est excellent le nom qui éveille les idées voisines de forme, couleur, emploi, fonction, port, usage. L'Anglais appelle noir (de plumage) ce que d'autres appellent jaune (de son bec). Pour tout réunir, il faudrait l'appeler noir-jaune, et si c'était un merle blanc, noir-jaune-blanc. Il faut être Allemand ou Chinois pour faire de tels assemblages : anglais, black-bird, merle (noir, M O R E, caverne, mûre). *Avis merula.*

Je trouve en latin, *ebur*, ivoire. Est-ce dent d'éléphant ou blanche ? G B R, haut, puissant ; G B L, hauteur, cippe, colonne de démarcation, d'où gibel, gabelle, cible, G B, gab, dos, d'où gibbosus, bossu, gabion ; G B I R, gvir, vir. Hé bien, on a dit *gebur*, éléphant ; *ebur*, sa dent. Si on me dit : Mais c'est alb, blanc, je ne conteste pas, j'apprends, et bien.

Je m'occupe donc d'abord de l'idée, car là est la logique des langues. Je fais poser les objets devant moi, je cherche ce qui est le plus caractéristique, et je dis : Les peuples ont dû ou pu au moins nommer ainsi ; je vérifie, et si nous avons raison, je classe sûrement dans mes collections, j'apprends, je retiens et je laisse dire. C L B, chien peut-être le nom donné au voleur. Tout cela m'est bon, et à la fois perceur, P O R, cacheur et chien ; larron est *latro*, aboyeur, chien. Tout cela va bien au *fur*, petit voleur, et à *latro*, grand voleur.

Je rencontre *sol*, soleil, *stella*, étoile, ssel, tser, expression, brillance, du grand, T S R R, *stringo*, étreindre ; puis astre, Z E T H, huile, Z R H, zarah ; resplendissant, azur.

צהיר, soleil brûlant, *ardebat Syrius* Indos ; sol, non parce qu'il brille seul, mais brûlant צלה, rôtir, d'où sel (corrosif), *salum*, mer, *saylor*, marin, et nous touchons à *thalassa*, mer.

Je trouve *pango*, toucher instrument, chanter. Je dis immédiatement c'est פגע, heurter, frapper ; *païô*, *paqus*, pavé, paquet, pacte, *pax*. C'est l'équivalent, en une autre série, de נגן, toucher, instrument, presque *cano*, de נגע, heurter, piquer ; נכה, *necare*, *nekros*. Donc *Pange, lingua, gloriosi*, n'est pas complétement et rigoureusement régulier ; ce serait *cane, clama*, non *psalle*, car c'est encore toucher, agiter, *pallô*, mettre des cordes en vibration en les frappant. L'idée dominante est frapper, heurter, toquer, agiter, cela me suffit ; c'est ma première série, labiales sans dentales.

Je trouve *strepo*, faire bruit ; trompette. J'ai צפר, tourbillonner, tordre, tourner, siffler. C'est la forte série, le grand jeu alphabétique. J'y rapporte *strephô*, tourner, strophe (alinéa), trombonne, *turba*, troupe, tropique, trop (*turba*, *torub*, *tourbi*, trépidation, terreur et fuite.

Lune sera ma dernière série : הלל, briller ; *hêlios* soleil, et affaibli par *n* Lune. De plus, j'ai לון *pernocto*. Tout cela m'est bon en idée, en son. Je savoure et retiens. J'ai aussi *ualos*. hyalin, limpide. C'est bien.

Nuit, לילה, mot charmant, voile, enveloppe ; חשך, sac, même idée. Et le monde est pour moi comme s'il n'était pas, dit l'aveugle.

נקר, creuser, creux, *nox*, nacht, néant, négation, noix, fruit creux, vide par comparaison, nuque, *niger*. Point de labiales ni dentales. Ce *t* allemand était nécessité par nach, après, de נגע, heurter, et אחר, arrière.

Vous voyez que je m'occupe d'abord de l'idée.

Elle peut emprunter dans diverses séries : *comburo*, *ardere*, *flagrare*, tison, sud, *studium*, צהר ; *œstuo*, *uro*, ara brûloir. Mais par une langue quelconque j'arrive à une expression convenable de mes idées de feu, combustion, flamme, lumière, œil, voir. Je vérifie et constate que les mots analogues expriment des idées analogues ; פקד, voir, écouter, surveillant n'est que פקח, ouvrir ; car je n'admets que deux lettres au vrai radical, et pour moi c'est *scopeô*, voir, פער, *aperio*, *spicio*. L'hébreu seul m'apprend à défalquer ce qui n'est pas du radical primitif.

Je puis donc à volonté ou comparer mes idées pures, ou les mots, et formuler assez exactement, mais largement.

Quand deux idées sont sœurs consanguines (cousines), analogues, elles se revêtiront de mots analogues, et *vice versa* ; quand deux mots dans la même série se ressemblent, presque toujours ils auront un sens primitif commun. *Fulgere* et *défalquer* me feront remonter à un père commun hébreu : flag, fleg, flig, flog, floug ; plac, plec, plic, etc., c'est fendre, *plaga*, falx, *phlogos*, le terrible élément, *fulgur*, foudre, qui est vraiment de la première série ; פלא, briller, *bellus*, beau, פלח, miracle, ג, פלח, fendre, et j'arrive par affaiblissement jusqu'à plier, pli, fléchir, *flecto*, où *t* n'est rien dans ma classification. *Verto* même me paraît être qver (גור, tourner). *Vertex montis*, *cacumen*, *apex*, rappellent les axes d'une orange aiguillée, piquée, tournante. Pic, *apex* de *pungo* ; axe, de חקר, piquer, *acus*, pointe, נקר, creuser.

Tous ces détails par les faits pourront ennuyer ceux qui demandent une philologie transcendante, céleste, au-dessus de toutes celles que nous avons. La mienne, pure de si hautes prétentions, inambitieuse et toute au profit de mes lecteurs, est le bâton d'or dissimulé de Brutus, l'hirondelle descendant de l'atmosphère pour demander à la terre une goutte d'eau et un nid, l'abeille butinant çà et là pour faire sa maison et ses gâteaux.

Devant la superbe insouciance des uns et l'inqualifiable critique des autres se lasse ma main sénile, et ma plume s'affaisse comme mon corps. Je ne puis dire comme mon âme effeuillée de ses rameaux verts est sans puissance. Combien encore j'aurais à écrire sur tant de sujets ! Mais j'entends plus d'une voix qui me répète :

Claudite am rivos, pueri, sat prata biberunt.

Que deviendront mes chers manuscrits ? Mais, ce qui m'inquiète plus que mes travaux littéraires, quel sera mon sort éternel ? Du moins j'ai toujours vécu et j'espère mourir pauvre volontaire, prêtre dévoué et sans reproche, dans le sein de l'Eglise catholique et apostolique. Indulgence pour moi et une petite prière pour votre père et frère en N. S. J. C.

Aug. Latouche.

22 mai 1862.

1ᵉʳ septembre même année, *Cadomi*, Caen, קֹדֶם, la ville ancienne, orientale, Académie. Ici en effet j'ai trouvé de l'écho, quelques auditeurs d'une haute intelligence, et un imprimeur plein de zèle, M. Poisson.

Je dois beaucoup au dévouement gratuit, éclairé, de M. Drouin, mon ex-élève et toujours ami, avocat et bientôt notaire, un de nos premiers polyglottes de l'époque, si même il ne tient le premier rang et dans le nombre et, surtout, dans la science des langues ramenées aux idées et comparées, rapprochées entre elles dans leur unité naturelle primitive.

Je dois des remercîments aussi à MM. Le Verdier, secrétaire de la mairie de Caen, E. Postel, docteur-médecin, Lubineau, licencié en droit, qui ont corrigé sur les lieux.

J'aimerais à nommer des Professeurs et Pontifes dans la science. Ils s'excusent, j'admets. Ils arriveront les derniers au banquet philologique.

5

ÉTYMOLOGIES [1].

L'étymologie, nous le savons déjà, est la science des origines et des éléments constitutifs des langues, c'est-à-dire de leur composition, de leur dérivation et de leurs racines.

Le Dictionnaire grec d'Alexandre, onzième édition, 1855, contient de 80 à 90,000 mots; le Dictionnaire latin de MM. Quicherat et Daveluy, neuvième édition, 1858, en contient de 40 à 45,000 ; et le Dictionnaire français de Boiste, neuvième édition, 1839, en contient de 50 à 60,000 Cela fait, pour les trois dictionnaires, un total de 170 à 180,000 mots environ.

Ces 180,000 mots sont, pour les 59 soixantièmes, le produit, tant par composition que par dérivation, de 3 ou 4,000 mots simples formés eux-mêmes de 3 ou 400 racines monosyllabiques ayant chacune deux ou trois lettres au plus.

C'est donc en définitive, à 3 ou 4,000 mots simples et à 3 ou 400 racines que se réduit l'étude du grec, du latin et du français.

Parmi les mots simples que vous devez étudier d'une manière toute spéciale, nous vous avons déjà recommandé les prépositions, qui forment bien, peut-être, les quatre cinquièmes des mots composés. Ainsi les prépositions *e*, *ex* composent au moins 1,800 mots ; κατα, παρα, προς en composent près de 2,000 chacune ; et επι, à elle seule, plus de 4,000.

Exercez-vous beaucoup à l'analyse des mots composés et des mots dérivés.

Exercez-vous aussi, un mot simple étant donné, à dresser une liste de ses dérivés. Pour cela, il faut que vous sachiez que tout verbe, par exemple, en grec et en latin, produit des substantifs, des adjectifs et des adverbes de même sens ou de même racine, et réciproquement. Ainsi ποιεω, faire, *créer*, donne ποιητης, celui qui fait, créateur, poëte ; ποιησις, action, manière de faire une chose, composition, création, poésie ; ποιημα, ouvrage quelconque, poëme ; ποιητος, η, ον, et ποιητεος, fait, faite ; ποιητικος, poétique ; ποιητικως, poétiquement, et beaucoup d'autres.

Facio, supin *factum*, donne de même : *factor*, faiseur, auteur, créateur ; *factum*, fait, action, travail ; *factus, a, um*, fait, faite ; *facilis*, ce qui se fait sans peine, facile ; *facile*, facilement, et beaucoup d'autres.

Lorsque vous cherchez un mot dans le dictionnaire, attachez-vous à bien distinguer le sens primitif de ce mot, de ses sens étendus, analogues

---

[1] Extrait de M. Guyard, qui a écrit une bonne petite grammaire en 24 leçons pour initier les dames au grec et au latin.

ou dérivés. Le verbe *habere,* par exemple, a jusqu'à 16 sens principaux ; il veut dire à la fois *avoir, conserver, savoir, administrer, juger, supporter, passer pour....* Ce sont les autres mots qui l'accompagnent qui déterminent telle ou telle de ces acceptions.

Nous avons déjà donné des règles générales pour traduire en désinences françaises les terminaisons des mots latins, et réciproquement. En voici quelques autres relatives aux voyelles du commencement et du milieu des mots.

Les voyelles *o, u,* initiales ou médianes dans un mot latin, se rendent fréquement par *ou, eu* dans le mot français qui traduit ce mot latin ou qui en dérive : oblivio, o*u*bli ; dolor, do*u*leur ; *u*rsus, *ou*rs; posse, po*u*voir ; possum, je p*eu*x ; volo, je v*eu*x ; hora, h*eu*re ; flos, fl*eu*r ; curvus, co*u*rbe ; soror, s*œu*r ; solus, se*u*l; sub, so*u*s.

Très-souvent, cependant, le français conserve l'*o* et l'*u* du latin : h*o*nor, h*o*nneur ; cornix, corneille ; *u*tilis, *u*tile ; m*u*sa, m*u*se; s*u*per, s*u*r.

Pour beaucoup de mots français formés du latin par contraction, l'origine latine ne se reconnaît pas au premier abord. On ne voit pas de suite, par exemple, que *eau* vient de *aqua; larme,* de *lacryma; maître,* de *magister; père, mère,* de *pater, mater ;* mais le latin se retrouve dans les dérivés *aquatique, lacrymal, magistral, paternel* et *maternel.* D'ailleurs la pratique des étymologies vous familiarisera peu à peu avec ces contractions, et vous trouverez vous-même, avec un peu d'attention, d'autres règles générales qui vous serviront de guide et de flambeau dans les dédales quelquefois obscurs de la dérivation.

Pénétrez-vous bien de l'importance des étymologies. Un mot français composé vous aide à retenir les mots grecs ou latins qui le composent ; et ces mots grecs ou latins sont à leur tour l'explication et la lumière du mot français. Vous en avez eu de nombreux exemples.

Nous vous recommandons par-dessus tout les exercices sur les racines; elles répandent une grande clarté et un grand charme dans l'étude des langues.

Par exemple, si vous rapprochez les mots φαμι ou φημι, *fari,* parler ; βαζω, βαβαζω, bégayer, babiller; βαβαξ, bavard ; *fama,* réputation ; *famosus,* fameux ; γλωσσα, *lingua,* langue ; λεγω, *loquor,* parler ; λεγω, parole ; *Eulalie,* belle parleuse.... vous conclurez nécessairement que, dans les trois langues, ce sont les consonnes *linguales* et les *labiales* qui signifient *parler.*

Voici sur les racines *pl, bl, fl, vl,* un modèle d'exercice que nous vous conseillons d'imiter pour d'autres lettres. Nous l'intitulons :

RÉCRÉATION ÉTYMOLOGIQUE.

BΛυειν, ΦΛυειν, FLuere, FLuer, couLer, comme le FLot,—FLuctus—du FLeuve—FLuvius—dans la PLaine, ou le FLot du PeuPLe—PoPuLus —de la PLèbe — PLebs, ΠΛηθος — sur la PLace PuBLique ; comme le FLux — ΠΛηγγη —et le reFLux de la mer qui FLotte; les PLeurs des yeux ; comme le sang, dans la Veine—ΦΛεψ ; comme le PHLegme —ΦΛεγμα, PHLegma—ou la mucosité—BΛεννα—dans la PHLegmasie ou inFLammation ; ainsi que la FLamme — ΦΛοξ, FLamma — ce terrible FLéau ; FLuer ou couLer comme l'oiseau qui VoLe ; comme le poisson qui PLonge ; comme l'eFFLuve de la FLeur qui FLeure bon et que l'on FLaire ; comme l'étoile qui FiLe dans le ciel ou le FiLou, dans la FouLe ; FLuer, couLer ou découLer comme la liqueur du FiLtre ; le FiL—FiLum—de la quenouille ; le FiLs,—FiLius—de ses parents ; la FeuiLLe de l'arbre ; l'abondance de PLutus, ΠΛουτος; la FLamme BLonde— FLaVa —de PHœBus APoLLon.

ΠΛυειν, Λουειν, LueRe, LaVaRe, LaVer, comme la PLuie—PLuvia—qui forme des FLaques qu'on peut renfermer dans un FLacon, dont on fait des aBLutions.

ΠΛοχς qui FLotte comme le FLocon de neige—ΠΛοχος, FLoccus.

ΠΛοχιος, PLicatus rePLié, comme la vague FLexible, comme la PeLote et le PeLoton, comme l'esprit dans la réFLexion.

ΠΛαζω, battre de ses FLots, soit la PLage FLexueuse, soit le FLibot du FLibustier. ΠΛαζω veut dire aussi errer, ou FLaner comme la PLanète dans l'espace — ΠΛανητης, PLaneta.

FLatus le soufFLe, soit du PouLmon—ΠΛευμων, PuLmo—ce soufFLet vivant qu'entoure la PLèvre et qu'attaque la PLeurésie — ΠΛευριτις, PLeuritis ; soit le soufFLe de la FLùte, du FiFre ou du FLageolet.

BΛαξ, mou, FLasque ou FLèche comme de l'argile PLastique, comme une poire BLette ou BLessée—BΛητος—parce qu'elle a reçu un coup, une BLessure, une PLaie — ΠΛηγη, PLaga.

ΦΛυαξ, BLatto, BaVard, d'où FLue, un déluge de VeRBes — VeRBa — de BLagues, de FLoueries.

BΛητηρ, qui Lance soit la FLèche emPLumée, soit la BLuette PetiLLante, soit la BouLe qui RouLe, soit le BouLet et la BaLLe qui siFFLent, soit le BaLLon qui se BaLance dans le FLuide aux flots BLeus.

BLandus, FLatteur, ce qui caresse comme un fluide ; ce qui PLaît comme le FLou, le Fondu d'une peinture, comme la molle inFLexion

où FLexion de la démarche, du geste ou de la voix dans une BLonde
FiLLe aux yeux de BLuets.

ΒΛαξ, PL*aga*, la PL*aine*, la FRappée, l'envahie par le FLot imPLacable,
non loin de la PLage; la PLaine Fuyant à l'horizon où Foisonne le
BLé qui FRissonne au souFFLe des BRises en attendant qu'il jaiLLisse
sous le FLéau et qu'il RuisseLLe en FaRine du BLutoir pour faire
des FLûtes.

ΠΛατυς, PL*anus*, *large*, étendu, comme la surface PLate d'une PLaine,
d'un PLat, d'un PLateau; comme les aiLes d'un aigle qui PLane.

ΠΛηρης, PL*enus*, PL*ein*, rempli, ce qui devient PLane, PLain, comme
une PLaine inondée, comme un PLat qui déborde.

Continuez cet exercice et cherchez les analogies de sens entre les
racines et les mots soulignés.

« Il ne suffit pas d'analyser les mots pour trouver les éléments qui les
composent, pour en distinguer les racines, les radicaux, les préfixes; il
faut encore analyser leurs désinences; c'est un excellent moyen de se
familiariser avec les déclinaisons et les conjugaisons. »

Longue, parce qu'elle peut être utile, cette citation fera honneur à
M. le docteur Guyard, qui me la pardonnera, avec les réflexions sui-
vantes sur sa *Récréation étymologique*.

A un maître qui ne veut qu'initier les dames à deux langues classiques que savent leurs maris et frères, que leurs fils et frères apprennent
si longuement, qui se retrouvent dans le fonds des belles langues européennes, dans l'hébreu, l'arabe, l'indoustani, le malais, et, ce qui leur est
plus important, dans tous les traités de sciences naturelles et autres,
il ne faut pas demander mes Etudes savantes, graves, approfondies et
comparées de l'Orient à l'Occident et d'un pôle à l'autre.

Les Messieurs ont décrété que les femmes et les enfants ne sont suscep-
tibles, bien moins capables, ni de réflexion, ni d'application, ni d'aucune étude sérieuse. D'aucuns parmi eux, et quelques dames, ne l'accor-
dent pas entièrement, mais se taisent en attendant de meilleurs jours.
Leurs maîtres donc glissent comme l'hirondelle sur le lac, butinent avec
elles sur les fleurs, comme le papillon et l'abeille, remplacent les travaux d'esprit par le pittoresque du style et le charme irrésistible d'une
élocution parfumée et brillante. M. Guyard a des élèves-dames.

Le spécimen que vous venez de lire peut séduire un moment, donner
le goût de l'étymologie, car plusieurs rapprochements sont à la fois
logiques et heureux. Le savant auteur a dù effleurer.

Il serait bon d'établir d'abord le vrai sens de *étym*, ετυμος, תם, entier,
integer, sincère, primordial, en faisant concourir idée et son, âme et

corps. C'est ainsi qu'on procède logiquement et artistiquement : ετοιμαζω,
préparer.

Je cherche pour l'idée et le son les *b r*, *b l*, *p r*, *p l*, φ ou *ph l*, *v l*,
et je trouve en haut ברר, ברה ; פרר, פרה, broyer ; *spar*, séparer : σπειρω,
disséminer ; πυρ, feu, le terrible *sépar.*, broyer, barbare (actif), brin,
farine (passif), φλεγ, φλογ, *flagma (flamma)*, φλεγω, enflammer, φλεγμασις,
consomption, φλεγμα, pituite, φλαω, briser, φλοισβος, fracas des flots, φλεξ.
veine (où le sang flue, bouillonne) ; φλιβ et θλιβ, briser, φλ et φιλ-εω, brûler,
aimer ; *flagro*, brûler ; *fulgeo*, briller ; *falx* (*f l k*), défalquer, πελεκυς,
hache, πελαγος, mer (sillonnée), פלג, rive, *flu-men*, *flu-vius*, πλεω, naviguer (fendre flots) ; *plaga*, bord, plage, plaie, πλαγιος, oblique, πλευρα,
côte, flanc, d'où pleurésie, πλατυς, large ; *platea*, place publique, et par
chûte de *l*, *pateo*, espace, spaci-eux ; pflug, *plough*, soc, charrue, puis par
affaiblissement *pungo*, piquer, pique ; *spica*, épi, éponge (piquée) ; pung,
fung, fong, morille (champignon ponctué) ; fongosité, flageller (sillonner
le dos, labourer le visage), fléau ; *plaga*, *plague* angl., peste ; πλεκω
(*frango* atténué) ; *plico*, *flecto*, supplier, ברך, *precor*, *apprecor* ou
imprecor, selon qu'on fléchit son corps et ses genoux pour demander
grâce ou vengeance, bénir ou maudire ; פלח, sillonner, פלך, *plagari*,
baston (פצר), distribuer, tribu, *wolk*, *vulgus*, vogue, divulguer ; *fulcrum*,
bâton-appui, *fulcire*, *fulcimem ; fulgere*, briller, déjà vu ; *fulvus*, fauve ;
brun (couleur brûlé) ; *focus*, foyer, feu, Vulcain.

φλεω pour φλεζω, *fluer*, glisser, couler, βλυζω, sourdre, couler, פלח, fendre, sillonner, חלף, id. (*talpa* et *golfe*, *tulipe* et *coupe*), aller et venir,
donc *flare*, respirer, succéder, tenir place ; Kalife, un vicaire ; et grand
אלף, bœuf et Préfet, Gouverneur. Ce n'est que dans l'hébreu ג, פלח,
flac, *flah*, *flach*, *plag*, *flag*, *fleg*, *flig*, *flog*, *flug ; plac* ou *plag*, *pleg*,
plig, *plog*, *ploug*, que l'on peut suivre toutes ces transformations d'idées
et de sons simultanément dans le système vaste et philosophique de deux
mondes qui n'en font qu'un pour le vrai philologue. Ainsi, *flamma* et
flegmasie, *inflammation* et φλεγμα, *pituite*, se touchent, soit parce que
celle-là est suivie d'écoulement, soit par la diffusion commune aux
fluides, eau, feu, vent, אור, יאור, *aura*, souffle, vent, *aer ;* ils présentent
les mêmes phénomènes et subissent les mêmes lois. Du haut d'un mont
Alpestre, le Poëte, planant comme l'aigle, voit ruisseaux, rivières, chemins comme des rubans qui se déploient, les lacs comme des glaces, les
cités et les forêts comme des groupes dont la presque immobilité fait le
plus majestueux contraste avec les scènes mouvantes et fluides.

Prenons une idée morale, פוץ, *pouts*, *fouts*, mot passif par ו, donc
de פלץ, פרץ, primitif par ר, association-syncope de סר., rompre, et רץ.,

id. ρησσω, détacher, mettre en branle, en mouvement, et vous avez finalement פיץ, *festino*, *viste*, *vîte*, fête, *festum*, festin, spontané, despote, נדב, volontaire, qui agit spontanément sous une impulsion divine, humaine, d'une passion bonne ou mauvaise : *n* passif, et *dauber*, pousser.

Voilà encore un *bl*, *pl*, *fl*, et, au passif, *bou*, *pou*, *fou ;* voilà de la vitesse ; mais celle-ci ne vient que d'une impulsion matérielle ou morale, toujours en morale comme en physique : moteur, levier et mobile, résistance ou corps mu, d'où les leviers   *m l r*   moteur, levier, résistance.

$$soit \quad m \; l \; r$$
$$m \; r \; l$$
$$l \; m \; r$$
$$l \; r \; m$$
$$r \; l \; m$$
$$r \; m \; l,$$

ce qui ne donne, au fond, que trois combinaisons de lettres.

En lisant le cœur humain, ses actes, ses passions, ses états sans nombre, dans la langue divine, l'HÉBREU, tout cela est patent, primordial, philosophique, logique, déduit et rendu admirablement, ם, פלא, *palam,* miraculeusement, à grand jour (יאור).

Mais φλογ, flamme, fleur, *fulgeo*, blume, fleur, belle, beau, פלא, blanc, bleu, blond, *ful-v-us*, fauve, φλεω ou *fulgeo*, *flagro* est brûler, donc aimer, briller, avec telle ou telle modification de couleur. C'est le spectre solaire, arc-en-ciel :

Violet, indigo, bleu, vert, jaune, orangé, rouge : où commence un mode de couleur, où finit-il? C'est ainsi en toutes choses humaines. On dit que les extrêmes se touchent. Est-ce vrai ? Nous touchons ici aux *flots* et aux *vulgus*, foule ; bien vous soit, Messieurs ; mais un peu de bonne linguistique vaudrait mieux que les épigrammes et jeux de mots, si faciles à tout esprit, si abondants en langues orientales, où cent radicaux suffisent pour l'enfantement de toute la langue, et cela parce que, sans en avoir la conscience, nous pivotons sur bien peu d'idées, bien peu de sons primordiaux, je vous l'ai dit : sur trois idées primitives, sur trois séries, savoir, labiales avec *r* et ses omophones et transformations *l*, puis voyelles ; avec dentales *r*, avec addition de labiales et dentales, דבר ; enfin *r*, avec ses propres transformations ou omophones (sons semblables) est רגל, רחק, גרר, גרע, גשר ; d'où marche, grouin, grogner, jurgo, grain, guerre, guère, gering, peu, etc.

Si tout cela étonne quelque lecteur, tant pis, c'est qu'il a été mal élevé. A lui paix et pardon !

Revenons aux *pl*, *bl*, *fl*, *vl*. Je trouve voler, voler, voulais, valoir,

volvo, rouler, volume, vélites, *velox*, vélocifère ; *velum* voile, ou *vela*,
boule, βουλ, vouloir, volonté, boulevard, villa, ville, blague, bloc,
globe, *vulgus* (*turba, corb. cor.*).

Tout cela et cent autres est miribolant, vertigineux, âpre, abrupte,
incohérent en apparence ; et sent le chaos, le désordre, la folie.

Hé bien, toi, pauvre et singulier (הלך) mortel, blasphème (mal parler)
le Genre humain tout entier. Il s'est tracé de grandes lignes, des types
primordiaux en Idées et Sons primordiaux , conceptions primordiales ;
parti de ces grandes formes et principes, le Genre humain, nos pères ont
modifié, élevé, abaissé, contourné, approprié, et voilà leur langue qui
énonce parfaitement tout ce qu'ils ont conçu et veulent, sans consulter les
académies de Paris ou de Berlin. Il faudrait humblement et avec quelque
labeur nous jeter dans leur courant, sympathiser, nous identifier avec
Moïse, David, Isaïe, etc. Fi donc ! dira le Français en *mirant* sa cravate et
sa raie ; FI, fera l'Allemand en fumant *son* pipe.

Ah ! cher lecteur, j'ai vu tout cela en Europe, et mille bra, bre, bri,
bro, brou, ערב : Erèbe, bribe, *vespera*, hesper, brouillard, sorbets détesta-
bles, barbares, brins, brioches, blagues, etc., que, octogénaire, je ne pourrais qu'ébaucher en quatre-vingts ans. Je crois pourtant que nous pro-
gressons, que la lumière se fait un peu, qu'elle se fera dans les langues ,
Politique, diplômes, diplomatie, Arts, Sciences, que tout ce qui parle une
même Langue sera un Peuple, que tout ce qui est planète et même co-
mète a et aura un centre d'attraction ; que, peut-être, une langue universelle, formée de débris primordiaux reliera tous les peuples de notre
minime globe perdu dans l'univers des corps célestes, qui lui-même se
mûrit, ici du moins, et, par caducité, fera place à des mondes nouveaux,
et ainsi *ab œterno in œternum*. A quel âge est la terre ? Je n'en sais
rien. Quel âge est le mien ? Je l'ignore, car il me faudrait deux points
pour le connaître, et je n'en sais qu'un ; *fluo*, je coule ; הלכתי ; הלפתי, Ich
laufe, je vole, כעוף comme l'oiseau, *avis :* chenille rampante et nourrie de
parenchyme, je fais ma transformation et j'espère m'envoler vers un
monde meilleur où je jouirai du miel des fleurs et de la lumière.

PRÉOCCUPATION.

N'oublions pas la préoccupation, place prise à l'avance, loi universelle
qui amène flexions, irrégularités, embarras... afin d'être en euphonie
et clarté. *Animi Piorum evolant in cœlum*. Le traducteur français
pourrait-il dire : Les âmes des Pies s'envolent au ciel ?

Ex. sur *bl*, βουλω (βουλομαι), *volo*. Mais nous avions en français des bol, vol assez nombreux : bol, boulet, et voler en l'air, voler en poche; et le latin aussi : *furari*, percer, forer, voler ; באר, percer et enfouir ; *sufferre* devrait être souffrer *ut* déférer.

Hé bien, le latin, au lieu de *vello*, arracher ou vouloir a dit *velle; volo*, je veux ; nous, au lieu de *veller*, qui devait être je velle, tu velles, etc., nous avons dit, je veule, tu veules, d'abord ; puis je veux, irrégulier par nécessité et abbréviatif ; mais nous *voulons* est régulier.

Le latin a changé *perhendo* en *prehendo;* nous, nous disons, non je préhende, mais prends. Conjuguez son composé par *ad*, j'adpréhende, tu appréhendes est régulier. Je soufferai ne pouvait se dire.

λεγω est parler, קול, *loqui*, et penser (sa parole), penser, d'où *intelligo*. Mais לקח, lacérer, cueillir, a donné *lego, colligo*, cueillir.

C'est qu'il n'y a qu'une seule conjugaison dans les deux langues. Faites, d'abord, conjuguer ainsi, sur *lego*, je lége, collége, etc., *ungere*, ongre, ondjre, *oindjer*, ou *ligare*, לקח, *laqueus*, filet : Je lige, tu liges. L'enfant rit, vous aussi? Hé bien vous dites : J'oblige, tu obliges, etc.

Je reviens à mes rudes labeurs (יבל), tomber de lassitude, נפל, faٍٍen, to fall, faillir, *labi*, tomber. *N* et *i* marquent passivité. Aussi ne peut-on dire *laborare agrum*, c'est *colere* (חלק), fendre, sillonner, séparer, *si-lice, singuli*, αλεγω, lacérer, *lego*, cueillir, car λεγω, lire, est קול. Ah! les dictionnaires et maîtres s'évertuent pour faire comprendre à leurs crédules élèves que c'est tout un, et cela en l'an de grâce 1863! Qu'on nous rende nos Ecoles centrales de 1799, de douce et regrettable mémoire, avec les cours de grammaire et langue générale, ces bons élèves ne croiront pas à tout cela, c'est tout simple, la raison et la science dominaient; un seul professeur enseignait tous les jours impairs de la décade les langues anciennes pendant deux heures, et nous apprenions vite et bien, préparés par des analyses logiques et la classification de nos idées et de nos pensées dans la synthèse de la grammaire générale. La Restauration, יצר, détruisit, vandalisa nos cabinets, collections, chaires de sciences; Bonaparte, qui comprenait son époque, nomma Fontanes ministre de l'instruction, et, trop tard, Bonaparte s'écria indigné : J'attendais un enseignement à la hauteur de notre époque et Fontanes nous a ramené toutes les vieilleries et la routine du temps passé.

En langues que nous faut-il donc ? un cours logique de langues raisonnées et comparées, en commençant par les plus anciennes vues sommairement, pour arriver aux langues classiques et modernes, ce qui est le chemin et le temps le plus courts, car là on ne s'embourbe pas dans l'ombre de la routine, ou marche en plein jour à la vapeur.

A la Restauration consommée j'allai m'asseoir en rhétorique avec les vétérans de l'ancien régime, un peu pour plaire à mon père, un peu par curiosité. J'avais lu beaucoup d'excellents Auteurs latins, mais pas une page de grammaire, attendu que j'observais et trouvais les règles. Après quelques difficultés de forme on me reçut, et chaque mois j'obtenais la première place, et je remportai le prix d'honneur, celui d'amplification latine, et je fus prié d'enseigner la rhétorique au petit séminaire d'Avranches ; et quand on rétablit la chaire de philosophie, on me pria encore d'enseigner..... ce que je n'avais pas appris, et MM. Montalivet et Costas eurent la bonté de m'offrir successivement quelque belle place que j'ai laissée aux amateurs pour prendre, très-périlleusement, la soutane ; et, puni de mon abnégation, je ne suis rien dans le monde, pas même..... rien dans le sanctuaire parce que Dieu m'a donné ou j'ai pris l'apostolat des langues.

C'est que ma foi, très-orthodoxe, croit à leur puissance, c'est que je lis, à chaque fête de la Pentecôte, que Dieu donna les langues à ceux qui devaient être la lumière des nations, c'est que je crois qu'une lampe n'éclaire pas si l'huile ne lui est donnée, et voilà pourquoi, afin de mieux et bien entendre nos saintes Ecritures, à l'âge de cinquante ans, seul je me suis mis à l'étude de l'hébreu, et j'ai travaillé, sur le seul texte, avec une persévérance qu'aucune puissance n'a pu lasser. Ici mettez les *neque* de saint Paul, qui occupe un si haut rang dans ma pensée. Il faudra bien que notre admirable clergé français se mette à l'œuvre, pour approfondir l'Ancien et le Nouveau Testament et saint Paul, qui a pensé toutes ses Epîtres en hébreu. Oui, pour remonter jusqu'à sa pensée hébraïque, il faut, il est bon du moins, de savoir plus ou moins d'hébreu.

Ne comptons pas trop sur les Grammaires et les Dictionnaires : traduisons en nous aidant, s'il le faut, d'une version acceptée provisoirement sous réserve, préférant toujours la pensée de l'auteur dans son ensemble, nous identifiant pour le moment avec lui, nous inspirant de son esprit, génie, caractère, nature, opinion, système, et devinant parfois ce qu'il n'ose dire par ce qu'il dit.

Prenons garde à la séduction du style et des formes de certains écrivains, corrects d'ailleurs, et très-polis et charmants. J'ai lu beaucoup en ma longue vie, entendu beaucoup d'orateurs, écrivains, historiens et histrions.

O honte et douleur ! Je viens de lire l'analyse élogieuse d'un nouvel ouvrage académique sur la littérature ancienne, les langues anciennes comparées et dérivées, par un très-honoré qui ne les sait guère.

Grammairien grec sur toutes les coutures, il dit, comme chose nouvelle (pour lui), que littérature et langue grecques nous viennent de l'Inde. Mais quel philologue sérieux ignore que sont sœurs ou mère et fille le sanscrit et le grec ?

M. Eugène Burnouf, trop tôt enlevé aux langues et aux lettres, m'a dit un an avant sa mort : « Je vous rends vos savants ouvrages. Vous avez raison d'établir ainsi par des preuves incontestables et de nombreux textes de cinq langues, qu'elles ont les mêmes éléments et presque la même grammaire, et d'ajouter qu'un jour on verra qu'il n'y a qu'une langue au fond sous des formes diverses. Non-seulement je vous dis que je le crois, mais je vous autorise à le dire. »

Ce même auteur nous apprend encore une chose que nous savions avant lui, à savoir : que chez les anciens, histoire, traditions, Religion, préceptes moraux, dictons populaires, tout cela était mesuré :

Quidquid tentabam scribere versus erat.

Mais tout le monde aime cela : qui a bon voisin a bon soir et bon matin, etc. Les héros des légendes arrivent ainsi jusqu'à nous.

Que cet honorable nous fasse plutôt dictionnaire, grammaire comparés, raisonnés, clairs, méthodiques dans l'idée et dans le son, et synthétiques dans les mille combinaisons et rapports que l'on peut obtenir de trois ou quatre idées. Ce sont les variations en musique, les mélanges et nuances en peinture. Qu'on nous donne, sinon une bonne philosophie des langues, du moins un cours de langues raisonnées et comparées ; c'est mon cri, ma monomanie plus qu'innocente, qui sortira encore de ma tombe.

Faisons litière des vieux livres et dictionnaires qu'on met aux mains de la jeunesse, dont les arides enseignements dégoûtent et abrutissent les élèves. Je le répète, qu'on leur donne un mois d'hébreu au moins, qu'on leur explique mon dictionnaire, pur de toutes les saletés indiennes (sanscrites), grecques, latines, etc.

Maxima debetur pueris reverentia.

Pardonnez au vieillard qui écrit son testament en la simplicité de son âme et de sa foi, et qui voudrait voir, sinon crouler subitement, du moins s'ébranler et se dissoudre ces horribles murs de langues diverses entre frères qui tendent plus que jamais à s'unir. Je l'affirme, moi qui ai étudié l'océanien, le malais, même un peu de chinois dans les sons, et bien d'autres langues, j'affirme que nos Européens qui vont dans les contrées lointaines, après mes grands principes, apprendraient plus en quelques semaines qu'ils ne le font en un an.

Sans attaquer les leçons grammaticales d'un docteur qui est vraiment docte, mais qui parle très-gracieusement aux dames, je lui dirai franchement que sa récréation étymologique ne m'a guère récréé.

פלל (palal), פלח, פלג, פלא, פלה; ס, פלח, פלט; חלח, avis, bœuf, πλεω, πλαναομαι, plane, plaine, planète, plantation (extension), puis plante; puis פוח, פח, étendu, patent: tout cela doit se rapporter à פרר, פער, באר, ברח, ouvrir, séparer, fendre, donc large. פער, ouvrir, *aperio*, donnera πυλη, et *porta*, porte, pore; puis פערות, ouvertures, engendre *porta* et *portus*, port et porte, *ut* חקר, creuser, חתר, id. (car k═t): d'où centre, *ater*, noir; τιτραω, percer; *tarière*, *intrare*, θυρα, door, porte.

Courage, chers lecteurs et élèves, qui écrivez pour l'émancipation de l'enseignement et de la jeunesse, même du sexe réhabilité, *quoquo modo*, par l'Evangile. Courage, unissez vos efforts et faites oublier tous vos devanciers, moi surtout, car je crois fermement que les âges futurs ne me refuseront pas quelque estime et beaucoup d'indulgence, si leur juste critique m'atteint.

Est-ce ma faute si une ville très-savante d'ailleurs ne savait ni lire ni imprimer mon hébreu ni mon arabe, ni observer scrupuleusement jusqu'à un *iota* toutes les exigences orientales et autres? Pouvais-je moi, à Paris, diriger et corriger tout ce qui s'imprimait à Caen par des novices, d'ailleurs pleins d'intelligence et de bonne volonté? Si le lecteur trop exigeant avait fait imprimer seulement une feuille brochée de tant de langues, il aurait appris à ses dépens ce qu'il en coûte d'argent et de patience pour la seule philosophie des langues. Que sera-ce pour le Dictionnaire de neuf langues? Ici, du moins, j'aurai du secours, et je n'aurai plus devant moi un océan sans rivages, le monde des idées et celui des mots.

Omnia Pontus crant, deerant quoque littora Ponto.

AVIS.

Je vous donne les Alphabets ; copiez et apprenez-les, en observant
que les langues orientales se lisent de droite à gauche ; que les formes de
leurs lettres doivent donc se coordonner dans ce but. Soit כ notre C, puis
כC le C à deux sens, vrai Siamois ; et ב B bouclé, ce que ne pratique
pas le sévère hébreu. Bouclez ב, vous aurez ℬ B. ק est notre C, K.
ר — ר R, r. ס σ, sigma grec. ח = H, en abaissant l'horizontale. ה = η.
ט = Θ. ג = Γ g (toujours sur *gui*), G, presque C, son omophone :
C (K) = G = ג = ק = Q.

ר est le trait fondamental ; restant tel, c'est r ; se courbant en bas,
c'est כ ; faisant angle droit en haut, c'est ד ; prenant une horizontale
parallèle, c'est ג, et celui-ci est פ P, par son ventricule, *ut* B et P.

א est notre A, en abaissant le trait dorsal à l'inclinée à gauche ＼, barre
transversale de א et A.

י i petit en toute langue et signe de petitesse, *iota*.

ו u, ou, deux fois aussi long, *ut* i i fait u.

ל au contraire s'élève seul, *ut* nos l, λ deux longueurs.

ע est gno, agneau, o, courbe à droite.

ם, מ deux n soudés, signe de multitude, mâle, mont, masse.

נ n sa moitié droite, signe en effet de nain, non, nuit.

ש s, sch, ch, trident, signe de *déchirure*, sifflet, syrène.

ת enfin t, th doux, féminin ; ouvert en bas avec un petit marteau à
gauche, tandis que le fort ט est ouvert en haut.

Ecrivez trois fois cet Alphabet hébreu, surtout au tableau, et vous les
posséderez.

Les finales diffèrent peu. Nous avons aussi deux lettres finales que
nous laissons tomber en écrivant, *n* et *z*.

L'arabe est plus difficile, et on ne peut entièrement négliger les signes
ou points-voyelles ; c'est une langue vivante et parlée. Mais, en hébreu,
ces signes sont plus qu'inutiles : ils obscurcissent, ils étouffent, ils se
dressent comme des lances pour repousser des milliers d'amateurs qui
שערון *horrent* devant ces séraphins d'acier que la synagogue a traîtreu-
sement placés pour qu'on n'entre pas dans l'Eden et le sanctuaire de la
langue des fondateurs de notre sainte Religion. Des hommes, très-reli-
gieux d'ailleurs, montent la garde là aussi et repoussent les profanes.

Quelques vrais savants ouvrent les portes, introduisent gratis et plus encore, montrent avec foi les trésors de la langue divine, l'expliquent et l'appliquent, prétendent obstinément que, venant de Dieu, elle doit retourner à Dieu par tous ses enfants plus ou moins dégénérés, parce que l'horloge des temps de Dieu marque une catholique régénération à laquelle il convie les peuples, et amènera tous les hommes à la connaissance de la vérité, avec la liberté de la suivre, de la négliger ou de la combattre. La lutte va s'ouvrir sur toute la terre, tant mieux ; le catholicisme vrai, pur, éclairé, puissant par Dieu seul, n'a rien à craindre.

Pauvres Arabes, amis, sujets et frères, que j'aime votre langue et votre descendance d'Abraham ! Israélites, connaissez donc les temps de Dieu, n'assumez pas plus longtemps le sang de l'Homme Dieu. Plusieurs d'entre vous savent combien je vous aime tous, vous fils si directs d'Abraham. Arabes et Juifs, nous apprenons vos langues, apprenez les nôtres.

L'alphabet allemand et le grec sont presque le nôtre.

Traduisez, avec version, quelques morceaux faciles de ces langues, lisez leurs dictionnaires, leur grammaire vous viendra par la traduction et l'observation.

ABRÉVIATIONS.

C. à d., c'est-à-dire ; *ut*, comme, car ce dernier était trop long.

T à la fin est *ment*, const^t, humbl^t.

V, voir ou voyez. Ces nombreux renvois groupent les idées et leurs mots par genres et familles.

Rad., radix, racine. קטל, égorger (coutelas), est le radical ou la racine de *mactare*, מקטל, ou v. cision ; *cædes*, *occire*, ciseaux, décision ; ou v. tailler, cultel, contre, עלל, ὀλλυμι, כלה, etc. Choisissez ou, mieux encore, prenez tout, mais apprenez.

Les langues semblent assez nettement indiquées par H hébreu, esp., allem., angl., ital. ou it.

Si vous trouvez un point pour troisième lettre hébr., c'est que le radical primitif se modifie à sa 3ᵉ : קרד, ou קרקר, a laissé קרא, קרע, קרה, carcer, cirque, cercle. Cette troisième a moins d'importance, modifie comme les prépositions affixes dans grec, it., latin. On peut donc écrire קר.

Je ne crois pas qu'il y ait une seule apocope ou abréviation qui puisse embarrasser.

J'ai supprimé en notre verbeux français beaucoup de le, la, les, inutiles et fatigants à écrire et dispendieux à imprimer, m'étant tracé pour limite, prix 10 fr., *Philosophie et Dictionnaire*, mais inséparables. Ce travail, qu'il ne m'appartient pas de qualifier, ne relèvera certainement pas ma fortune. Du moins qu'il profite aux peuples, à la bonne jeunesse qui ne peut savoir combien je l'aime depuis plus de soixante années d'enseignement.

Qu'il soit utile surtout pour la propagation et diffusion de notre sainte religion, des lumières, de la liberté et fraternité évangéliques. Qu'il aide à entendre la science, la civilisation, et qu'il fasse bénir le sacerdoce et la France !

Je dois enfin vous nommer les ouvrages que j'ai édités.

Mon *Tableau synoptique*, prix 1 fr. 25 c., vous initiera bientôt à l'hébreu. C'est toute la grammaire hébraïque en 6 grandes pages, qui vous suffira certainement pour traduire la sainte bible hébraïque.

Mon Dictionnaire hébreu est malheureusement épuisé, ainsi que ma première *Philosophie des langues*, dont il ne me reste pas un seul exemplaire. Mais j'ai encore une ou deux douzaines de mon Dictionnaire hébreu raisonné et comparé, 5 fr.

De mes autres ouvrages, voir plus bas la liste.

Ajoutez-y que pour les amateurs de ma photographie faite par M. Bisson, photographe de Sa Majesté, elle leur coûtera 1 fr., sans bénéfice pour moi.

Pour consultation, on peut s'adresser à moi, rue du Cherche-Midi, n° 23, tous les jours, de 10 heures à 4 heures.

Les établissements peu riches peuvent s'adresser à moi, franco, pour achats en grand.

M. Benjamin Duprat, près l'hôtel de Cluny, cloître Saint-Benoit, connu pour sa science et son zèle, se charge de toutes mes publications.

Je crois avoir dit tout l'essentiel et, las, je cesse ici pour recommencer là, mon Dictionnaire de 9 langues, qui paraîtra, au plus tard, le 1er d'août.

Je prie en grâce qu'on ne m'assimile pas à certains hommes qui promettent et ne publient jamais. Octogénaire et prêtre sans reproche, je ne salirai pas mon nom d'une tache ineffaçable. Ne prenez pas ma *Philosophie*, ou payez-la 3 fr., en vous engageant à compléter 10 fr. quand on vous donnera le Dictionnaire, qui aura quatre ou cinq fois l'ampleur du premier. Quel travail ! quelles difficultés d'exécution avec tant d'Alphabets peu connus ! car j'emploierai partout les types nationaux, que vous apprendrez bientôt.

Caen. — Imp. E. Poisson.

www.ingramcontent.com/pod-product-compliance
Ingram Content Group UK Ltd.
Pitfield, Milton Keynes, MK11 3LW, UK
UKHW020023100726
13658UKWH00003B/1064